Exercícios de fundações

Blucher

Urbano Rodriguez Alonso

Engenheiro civil

Professor aposentado da Faculdade de Engenharia
da Fundação Armando Álvares Penteado
Professor aposentado da Escola de Engenharia
da Universidade Presbiteriana Mackenzie

Exercícios de fundações

3ª edição

Exercícios de fundações
© 2019 Urbano Rodriguez Alonso
1ª edição – 1983
2ª edição – 2010
3ª edição – 2019

1ª reimpressão - 2019

Editora Edgard Blücher Ltda.

Blucher

Rua Pedroso Alvarenga, 1245, 4º andar
04531-934 – São Paulo – SP – Brasil
Tel.: 55 11 3078-5366
contato@blucher.com.br
www.blucher.com.br

Segundo o Novo Acordo Ortográfico, conforme
5. ed. do *Vocabulário Ortográfico da Língua
Portuguesa*, Academia Brasileira de Letras,
março de 2009.

É proibida a reprodução total ou parcial por
quaisquer meios sem autorização escrita da
editora.

Todos os direitos reservados pela Editora Edgard
Blücher Ltda.

Dados Internacionais de Catalogação na Publicação (CIP)
Angélica Ilacqua CRB-8/7057

Alonso, Urbano Rodriguez
    Exercícios de fundações / Urbano Rodriguez
Alonso. – 3. ed. – São Paulo : Blucher, 2019.
    218 p.

    Bibliografia
    ISBN 978-85-212-1384-0 (impresso)
    ISBN 978-85-212-1385-7 (e-book)

    1. Fundações – Problemas, exercícios etc. I. Título

18-2179   CDD 624.15076

Índices para catálogo sistemático:
1. Exercícios: Fundações: Engenharia 624.15076
2. Fundações: Exercícios: Engenharia 624.15076
3. Projeto de fundações: Exercícios: Engenharia 624.15076

APRESENTAÇÃO

Os livros que abordam temas técnicos precisam, constantemente, ser revistos, pois – analogamente ao que ocorre com as pessoas – envelhecem e, cedo ou tarde, precisam ser substituídos por outros mais novos e atualizados. Este livro, lançado em 1983, não foge à regra: ao longo desses 35 anos, muitas coisas mudaram e deveriam ser incluídas nesta nova edição. A maioria das normas técnicas sofreu mudanças, como a *NBR 6122 – Projeto e execução de fundações*, que foi revista em 1996 e em 2010 e, atualmente, está em fase de nova revisão; a *NBR 12131 – Estacas: prova de carga estática*, revista em 1991; e a *NBR 6484 – Solo: sondagens de simples reconhecimento com SPT*, revista em 1997 e em 2006, e que agora está em fase de consulta técnica pela ABNT.

Mas o que mais marcou nosso meio técnico nesses últimos anos foi a introdução de novos tipos de estacas, em particular a denominada hélice contínua, que, embora introduzida em 1987, só passou a ser difundida com maior intensidade a partir de 1993, com a importação de equipamentos melhor projetados, que a tornaram técnica e economicamente competitiva.

As estacas hélice contínua são moldadas a partir da introdução, por rotação, até a profundidade estabelecida no projeto, de um trado contínuo, constituído por uma haste metálica vazada, em volta da qual se desenvolve a hélice que constitui o trado. Para evitar a entrada de água ou solo na haste durante a perfuração, a mesma é dotada de uma tampa metálica provisória, em sua extremidade inferior. Atingida a profundidade desejada, essa tampa provisória é expulsa pelo concreto, que é bombeado pela haste central à medida que o trado vai sendo retirado, sem rotação. Nesse processo executivo, as paredes do furo estão sempre suportadas: acima da cota do concreto, pelo solo que se encontra entre as lâminas do trado e, abaixo da cota, pelo concreto que está sendo bombeado.

As fases de perfuração e de concretagem ocorrem de maneira contínua e ininterrupta, o que confere ao processo uma alta produtividade, reduzindo-se também as vibrações e o barulho em relação às estacas cravadas convencionais.

O processo de execução descrito impõe que a armadura só possa ser introduzida após a concretagem da estaca e, portanto, com as dificuldades inerentes a esse processo de instalação. A armadura tem comprimento da ordem dos 6 m, que pode ser instalada manualmente. Para comprimentos maiores, a instalação é feita com auxílio de um pilão ou ajustando-se o traço de concreto, o que impõe a participação de um tecnologista de concreto. Nesse caso, a armadura deve ser projetada não só para atender às cargas de projeto como também para ser suficientemente rígida, para evitar a flambagem durante a instalação.

Todas as fases de execução (perfuração e concretagem) são monitoradas por instrumento eletrônico acoplado a sensores que permitem controlar: a profundidade; a pressão que origina o momento torsor no trado; as velocidades de avanço e de retirada do trado; o volume de concreto injetado; a pressão de injeção etc.

Esse novo tipo de estaca deveria ser incluído no Capítulo 5 deste livro e o método para a previsão de sua capacidade de carga no Capítulo 4. Entretanto, para não onerar mais o custo do livro, sugiro aos alunos que procurem nas firmas executoras de fundações catálogos técnicos e maiores dados sobre esse novo tipo de estaca, atualmente, disponíveis em grande quantidade no mercado. O próprio autor dispõe de bastante material sobre o assunto, que se encontra à disposição dos interessados, bastando, para tanto, entrar em contato com a editora, que fará chegar o pedido às minhas mãos.

Finalmente, agradeço mais uma vez à editora Edgard Blücher Ltda. pelo apoio e incentivo que sempre me deu, permitindo que, além deste livro, mais dois outros fossem por ela editados: *Dimensionamento de fundações profundas*, em 1989, e *Previsão e controle das fundações*, em 1991.

O autor

São Paulo, 2018

CONTEÚDO

INTRODUÇÃO 1

Capítulo 1 – FUNDAÇÕES RASAS (BLOCOS E SAPATAS) 3
1.1 Definições e procedimentos gerais de projeto 3
1.2 Exercícios resolvidos 14
1.3 Exercícios propostos 38

Capítulo 2 – FUNDAÇÕES EM TUBULÕES 43
2.1 Definições e procedimentos gerais de projeto 43
    2.1.1 Tubulões a céu aberto 43
    2.1.2 Tubulões a ar comprimido 45
2.2 Exercícios resolvidos 56
    2.2.1 Tubulões a céu aberto 56
    2.2.2 Tubulões a ar comprimido 68
2.3 Exercícios propostos 70

Capítulo 3 – FUNDAÇÕES EM ESTACAS 75
3.1 Definições e procedimentos gerais de projeto 75
3.2 Exercícios resolvidos 82
3.3 Exercícios propostos 93

Capítulo 4 – CAPACIDADE DE CARGA 97
4.1 Alguns métodos para estimar a capacidade de carga 97
    4.1.1 Fundações rasas (sapatas) 97
    4.1.2 Tubulões 103
    4.1.3 Estacas 104

viii   *Exercícios de fundações*

4.2	Exercícios resolvidos	109
4.3	Exercícios propostos	117

Capítulo 5 – ESCOLHA DO TIPO DE FUNDAÇÃO ... **119**

5.1	Procedimento geral a ser adotado	119
5.2	Fundações a serem pesquisadas	119
	5.2.1 Fundação rasa	119
	5.2.2 Fundação em estacas	120
	5.2.3 Fundação em tubulões	122
5.3	Exercícios resolvidos	123
5.4	Exercícios propostos	128

Capítulo 6 – LEVANTAMENTO DE QUANTIDADES E ESTIMATIVA DE CUSTOS ... **135**

6.1	Generalidades	135
	6.1.1 Execução de uma sapata	136
	6.1.2 Execução de bloco sobre estacas	136
	6.1.3 Execução de bloco sobre tubulões	137
6.2	Levantamento das quantidades para o caso em estudo	137
	6.2.1 Solução em sapatas	137
	6.2.2 Solução em estacas	139
	6.2.3 Solução em tubulão a céu aberto	141
6.3	Estimativa de custos	143
	6.3.1 Solução em sapatas	143
	6.3.2 Solução em estacas	144
	6.3.3 Solução em tubulão a céu aberto	145
6.4	Resumo do custo das três soluções	146

Capítulo 7 – ESCORAMENTOS ... **147**

7.1	Procedimentos gerais de projeto	147
7.2	Exercícios resolvidos	152
7.3	Exercícios propostos	159

Capítulo 8 – CÁLCULO APROXIMADO DE UMA INSTALAÇÃO DE REBAIXAMENTO ... **161**

8.1	Considerações básicas	161
8.2	Caso de um único poço	162
8.3	Cálculo aproximado para um grupo de poços	163

8.4 Exercícios resolvidos	164
8.5 Exercício proposto	167

Capítulo 9 – DIMENSIONAMENTO ESTRUTURAL DE SAPATAS ... 169

9.1 Sapatas isoladas	169
9.1.1 Método das bielas	169
9.1.2 Critério da ACI 318-63	171
9.2 Sapatas associadas	176
9.3 Viga de equilíbrio ou viga-alavanca	178

Capítulo 10 – DIMENSIONAMENTO ESTRUTURAL DE BLOCOS SOBRE ESTACAS ... 189

10.1 Recomendações de ordem prática	189
10.2 Bloco sobre uma estaca	190
10.3 Bloco sobre duas estacas	190
10.4 Bloco sobre três estacas	192
10.5 Bloco sobre quatro estacas	194
10.6 Bloco sobre um número qualquer de estacas	195

REFERÊNCIAS ... 207

INTRODUÇÃO

Militando, há alguns anos, no ensino dos procedimentos básicos a serem seguidos no projeto de fundações, sinto que ainda não foi escrito, em nosso meio técnico, um livro-texto que, de maneira plena, treine o aluno e os recém-formados nos projetos de fundações. Daí surgiu a ideia de, com a experiência adquirida ao longo dos anos no magistério, organizar uma coletânia de exercícios em que, de modo elementar, sem prejuízo do rigor, fossem expostos os critérios básicos que devem ser seguidos num projeto de fundações.

Os itens foram selecionados de forma a tornar o assumo acessível aos alunos de quarto e quinto anos do curso de Engenharia Civil. Para atingir essa meta, cada tópico abordado foi dividido em três etapas:

1.ª etapa: Resumo da parte teórica, ressaltando os fundamentos principais do tema.
2.ª etapa: Resolução dos exercícios, visando a sedimentar esses fundamentos principais.
3.ª etapa: Exercícios propostos, em que o aluno tem condições de exercitar os ensinamentos adquiridos nas duas etapas anteriores bem como de discutir as diversas soluções com os colegas e os professores.

Todos os exercícios foram elaborados com base no Sistema Internacional de Unidades (SI), com exceção do Capítulo 6, no qual o consumo de ferro foi dado em kgf.

Para os que ainda não estão familiarizados com essas unidades, apresento, a seguir, as correlações mais usuais.

Para converter	Em	Multiplicar por
tf	kN	10
tf/m²	kPa	10
tf/m³	kN/m³	10
kg/cm²	MPa	0,1
	kPa	100
Em	Para converter	Dividir por

Nota: 1 kPa = 1 kN/m²
       1 MPa = 1 MN/m²

Os múltiplos e submúltiplos têm, para símbolo, os prefixos indicados na tabela abaixo:

Prefixo	Símbolo	Fator pelo qual a unidade é multiplicada
Tera	T	10^{12}
Giga	G	10^9
Mega	M	10^6
Quilo	k	10^3
Hecto	h	10^2
Deca	da	10
Deci	d	10^{-1}
Centi	c	10^{-2}
Mili	m	10^{-3}
Micro	μ	10^{-6}
Nano	n	10^{-9}
Pico	p	10^{-12}
Femto	f	10^{-15}
Atto	a	10^{-18}

Finalmente, tenho a esperança de que, com este modesto trabalho, seja criado no meio estudantil de Engenharia Civil o gosto pelo estudo de fundações, elemento primordial no bom desempenho de uma estrutura.

O autor

1983

1 FUNDAÇÕES RASAS (BLOCOS E SAPATAS)

1.1 DEFINIÇÕES E PROCEDIMENTOS GERAIS DE PROJETO

As fundações rasas são as que se apoiam logo abaixo da infraestrutura e se caracterizam pela transmissão da carga ao solo através das tensões distribuídas sob sua base. Neste grupo incluem-se os blocos de fundação e as sapatas.

Os blocos são elementos de grande rigidez executados com concreto simples ou ciclópico (portanto não armados), dimensionados de modo que as tensões de tração neles produzidas sejam absorvidas pelo próprio concreto (Figuras 1.1a e b).

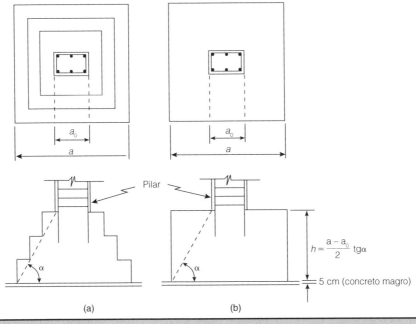

Figura 1.1

O valor do ângulo α é tirado do gráfico da Figura 1.2, entrando-se com a relação σ_s/σ_t, em que σ_s é a tensão aplicada ao solo pelo bloco (carga do pilar + peso próprio do bloco dividido pela área da base) e σ_t é a tensão admissível à tração do concreto, cujo valor é da ordem de fck/25, não sendo conveniente usar valores maiores que 1 MPa.

Para aplicação, ver o 1.º *Exercício resolvido*.

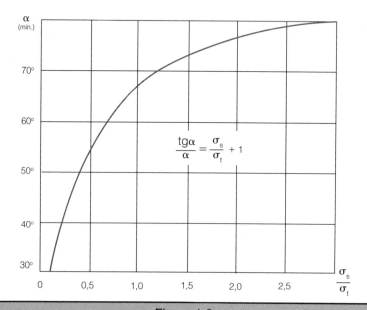

Figura 1.2

As sapatas, ao contrário dos blocos, são elementos de fundação executados em concreto armado, de altura reduzida em relação às dimensões da base e que se caracterizam principalmente por trabalhar a flexão (Figura 1.3).

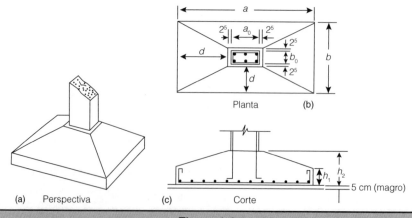

Figura 1.3

Os valores h_1 e h_2 são decorrentes do dimensionamento estrutural da sapata e seu cálculo será abordado no Capítulo 9.

Quando a sapata suporta apenas um pilar, como o indicado na Figura 1.3, diz-se que a mesma é uma sapata isolada. No caso particular de o pilar ser de divisa (Figura 1.7), a sapata é chamada de divisa. Quando a sapata suporta dois pilares (Figura 1.4), é denominada sapata associada. Quando a sapata é comum a vários pilares cujos centros, em planta, não estão alinhados, é denominada *radier*, que pode ser parcial se suportar alguns pilares, ou total, se suportar todos os pilares da obra.

A área da base de um bloco de fundação ou de uma sapata, quando sujeita apenas a uma carga vertical, é calculada pela expressão:

$$A = a \times b = \frac{P + pp}{\sigma_s}$$

em que:

P = carga proveniente do pilar;

pp = peso próprio do bloco ou da sapata;

σ_s = tensão admissível do solo.

Como o peso próprio do bloco ou da sapata depende de suas dimensões e estas, por sua vez, dependem do peso próprio, o problema só pode ser resolvido por tentativas, isto é, estima-se um valor para o peso próprio (geralmente, 5% da carga do pilar) e com este valor dimensiona-se o bloco ou a sapata. A seguir, verifica-se se o peso próprio real é menor ou igual ao valor estimado, caso contrário, repete-se a operação. Na grande maioria dos casos, o valor do peso próprio é pouco significativo, e sua não utilização está dentro das imprecisões da estimativa do valor da σ_s. Assim sendo, é comum negligenciar o valor do mesmo, de tal modo que a área será calculada por

$$A = a \times b = \frac{P}{\sigma_s}$$

Conhecida a área A, a escolha do par de valores a e b, para o caso de sapatas isoladas, deve ser feita de modo que:

1) O centro de gravidade da sapata deve coincidir com o centro de carga do pilar.

2) A sapata não deverá ter nenhuma dimensão menor que 60 cm.

3) Sempre que possível, a relação entre os lados a e b deverá ser menor ou, no máximo, igual a 2,5.

4) Sempre que possível, os valores a e b devem ser escolhidos de modo que os balanços da sapata, em relação às faces do pilar (valor d da Figura 1.3b), sejam iguais nas duas direções.

Em consequência do Item 4, a forma da sapata fica condicionada à forma do pilar, quando não existam limitações de espaço, podendo ser distinguidos três casos:

1.º Caso: Pilar de seção transversal quadrada (ou circular)

Neste caso, quando não existe limitação de espaço, a sapata mais indicada deverá ter em planta seção quadrada, cujo lado será:

$$a = \sqrt{\frac{P}{\sigma_s}}$$

Para aplicação, ver 2.º *Exercício resolvido*. Veja também a solução do pilar P_1 do Exercício n. 10, no qual não foi possível usar sapata quadrada por causa da divisa.

2.º Caso: Pilar de seção transversal retangular

Neste caso, com base na Figura 1.3b, quando não existe limitação de espaço, pode-se escrever:

$$a \times b = \frac{P}{\sigma_s}$$

$$\left.\begin{array}{l} a - a_0 = 2d \\ b - b_0 = 2d \end{array}\right\} \therefore a - b = a_0 - b_0$$

Para aplicação, ver 3.º *Exercício resolvido*. Ver também a solução do pilar P_2 do Exercício n. 10, no qual não foi possível usar a sapata com balanços iguais devido a existência da divisa.

3.º Caso: Pilar de seção transversal em forma de L, Z, U etc

Este caso recai facilmente no caso anterior ao se substituir o pilar real por um outro fictício de forma retangular circunscrito ao mesmo e que tenha seu centro de gravidade coincidente com o centro de carga do pilar em questão. O roteiro para este caso está apresentado nos Exercícios n. 4 e 5.

É importante frisar que, para se obter um projeto econômico, deve ser feito o maior número possível de sapatas isoladas. Só no caso em que a proximidade entre dois ou mais pilares é tal que, ao se tentar fazer sapatas isoladas, estas se superponham, deve-se lançar mão de uma sapata associada, como se indica na Figura 1.4. A viga que une os dois pilares, de modo a permitir que a sapata trabalhe com tensão constante σ_s, denomina-se viga de rigidez (V.R.). O cálculo será feito de acordo com o seguinte roteiro:

Inicialmente, calcular as coordenadas x e y do centro de carga.

$$x = \frac{P_2}{P_1 + P_2} d_1$$

$$y = \frac{P_2}{P_1 + P_2} d_2$$

A interseção das coordenadas x e y sempre estará localizada sobre o eixo da viga de rigidez.

Fundações rasas (blocos e sapatas)   7

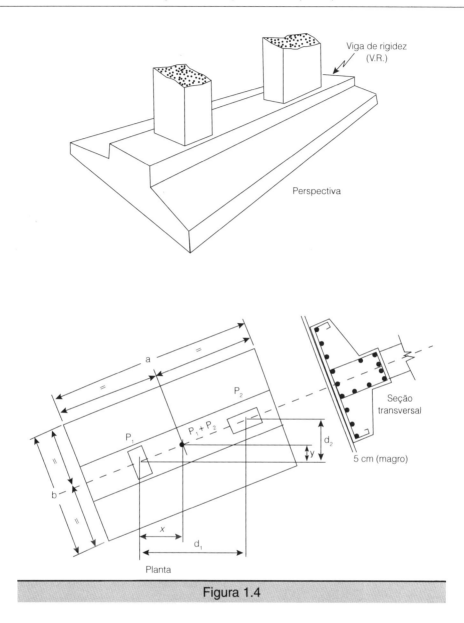

Figura 1.4

É importante notar que, para obter o centro de carga, não é preciso calcular a distância $P_1 - P_2$, sendo suficiente trabalhar com as diferenças de coordenadas (direções d_1 ou d_2). Teoricamente, uma só dessas direções é suficiente para o cálculo do centro de carga, visto que, calculando x (ou y) e prolongando essa cota até encontrar o eixo da V.R., ter-se-á o centro de carga.

A área da sapata, caso se despreze seu peso próprio, será

$$A = a \times b = \frac{P_1 + P_2}{\sigma_s}$$

A escolha dos lados a e b, que conduz a uma solução mais econômica, consiste na resolução de duas lajes em balanço (vão igual a $b/2$) sujeitas a uma carga uniformemente distribuída igual a σ_s e a uma viga simplesmente apoiada nos pilares P_1 e P_2 sujeita também a uma carga uniformemente distribuída igual a $p = \sigma_s \cdot b$. Via de regra, o condicionamento econômico da sapata está diretamente ligado à obtenção de uma viga de rigidez econômica. Para tanto, os momentos negativos desta viga deveriam ser aproximadamente iguais, em módulo, ao momento positivo. Esta condição só é plenamente alcançada quando as cargas P_1 e P_2 forem iguais e, neste caso, os balanços terão um valor igual a $a/5$. No caso de as cargas P_1 e P_2 serem diferentes, como é o caso mais comum, procura-se jogar com os valores dos balanços, de modo que as ordens de grandeza dos módulos dos momentos negativo e positivo sejam o mais próximo possível. Para aplicação, ver 6.º *Exercício resolvido*.

Sempre que houver disponibilidade de espaço, a forma da sapata será indicada na Figura 1.4, isto é, um retângulo cujo lado a seja paralelo ao eixo da viga de rigidez e o lado b, perpendicular à mesma. Quando esta forma não for possível, pode-se lançar mão de um paralelogramo (Figura 1.5), sendo que, neste caso, a viga de rigidez deverá ser também calculada para absorver a torção decorrente do fato de que o momento de força resultante de dois paralelogramos quaisquer, ABCD e CDEF, paralelos ao lado b (conforme hachurado na Figura 1.5), não mais se situa num mesmo plano perpendicular ao eixo da viga (Planos 1-1 e 2-2).

O caso da viga de fundação com três ou mais pilares, cujos centros sejam colineares (Figura 1.6), não será analisado neste curso, visto que não se deve adotar, concomitantemente, largura b e tensão no solo constantes. O cálculo da viga de rigidez como viga contínua apoiada nos pilares e carregamento constante ($\sigma_s \cdot b$) conduz a reações de apoio Ri provavelmente diferentes das cargas Pi e, portanto, conclui-se que, nesse caso (b = constante), a tensão no solo não poderá ser uniforme. Para que a hipótese de tensão uniforme conduza a resultados estaticamente possíveis, a largura b deverá ser variável (Figura 1.6). Entretanto, uma análise mais profunda deste assunto foge aos objetivos deste trabalho.

Para finalizar este resumo sobre fundações rasas, será analisado o caso dos pilares de divisa ou próximos a obstáculos onde não seja possível fazer com que o centro de gravidade da sapata coincida com centro de carga do pilar. A primeira solução é criar-se uma viga de equilíbrio (V.E.) ou viga alavancada ligada a outro pilar e assim obter um esquema estrutural cuja função é a de absorver o momento resultante da excentricidade decorrente do fato de o pilar ficar excêntrico com a sapata (Figura 1.7).

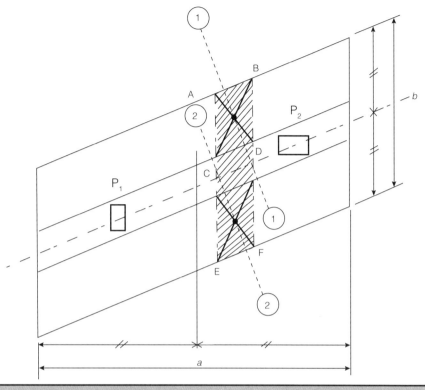

Figura 1.5

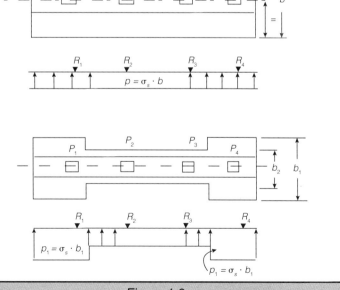

Figura 1.6

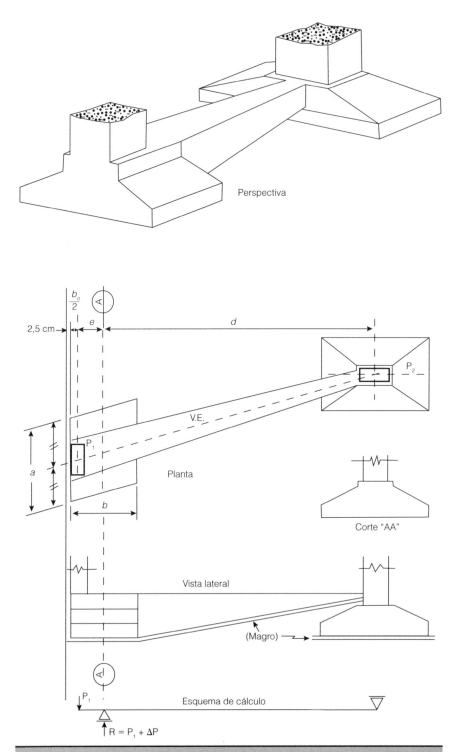

Figura 1.7

Fundações rasas (blocos e sapatas)

A forma mais conveniente para a sapata de divisa é aquela cuja relação entre os lados a e b esteja compreendida entre 2 e 2,5. Da Figura 1.7, pode-se escrever que o valor da resultante R, atuante no centro de gravidade da sapata da divisa, é:

$$R = P_1 + P_1 \frac{e}{d},$$

ou seja, a resultante R é igual ao valor da carga do pilar da divisa acrescida de uma parcela

$$\Delta P = P_1 \frac{e}{d}$$

Vale lembrar que, neste caso, analogameme ao caso da sapata associada, não é necessário trabalhar com a distância $P_1 - P_2$, podendo trabalhar com a diferença de coordenadas entre os pontos P_1 e P_2.

Como, para calcular R, existem duas incógnitas e e d e apenas uma equação, o problema é indeterminado. Para se levantar a indeterminação, é conveniente adotar o seguinte roteiro:

a) Partir da relação inicial $a = 2b$ e adotar $\Delta P = 0$, ou seja, $R_1 = P_1$.

Neste caso tem-se:

$$A_1 = 2b \times b = \frac{P_1}{\sigma_s} \therefore b = \sqrt{\frac{P_1}{2\sigma_s}}$$

Este valor de b pode ser arredondado para o múltiplo de 5 cm superior, visto que o mesmo não irá mudar no decorrer dos cálculos.

b) Com o valor de b fixado, calculam-se:

$$e = \frac{b - b_0}{2}$$

$$\Delta P = P_1 \frac{e}{d}$$

c) Obtido ΔP, pode-se calcular o valor de $R = P_1 + \Delta P$ e, portanto, a área final de sapata

$$A = \frac{R}{\sigma_s}$$

d) Como o valor de b já é conhecido (passo a) e o mesmo foi mantido constante, para não alterar ΔP, o valor de a será calculado por

$$a = \frac{A}{b}$$

Finalmente, divide-se o valor de a do passo d pelo valor de b fixado no passo a para se ver se a relação é menor que 2,5. Se for, o problema estará resolvido; se não for, voltar-se-á ao passo a e aumentar-se-á o valor de b, repetindo o processo.

O pilar P_2 ao qual foi alavancado o pilar P_1 sofrerá, do ponto de vista estático, uma redução de carga igual a ΔP. Entretanto, como na carga do pilar P_1 existem as parcelas de carga permanente e carga acidental, e, como no caso dos edifícios comuns essas duas parcelas são da mesma ordem de grandeza, costuma-se adotar, para alívio no pilar P_2, apenas a metade de ΔP, que corresponderia ao caso em que no pilar P_1 só atuasse com carga permanente. Quando, porém, na planta de cargas vierem discriminadas as cargas permanentes e acidentais, para efeito de alívio, trabalhar-se-á com o valor das cargas permanentes e, para o cálculo de R, com as cargas totais. Para aplicação, ver 7.º e 11.º *Exercícios resolvidos*.

Se o pilar da divisa estiver muito próximo do pilar P_2, poderá ser mais conveniente lançar mão de uma viga de fundação. Como a divisa, neste caso, é uma linha-limite, devem-se analisar dois casos:

1.º Caso: O pilar da divisa tem carga menor que o outro pilar

Neste caso (Figura 1.8), pelo fato de o centro de carga (C.C.) estar mais próximo do pilar P_2, o valor de $a/2$ será obtido calculando-se a distância do centro de carga à divisa e descontando-se 2,5 cm. O valor de b será então

$$b = \frac{P_1 + P_2}{a \cdot \sigma_s}$$

Para aplicação, ver 8.º *Exercício resolvido*.

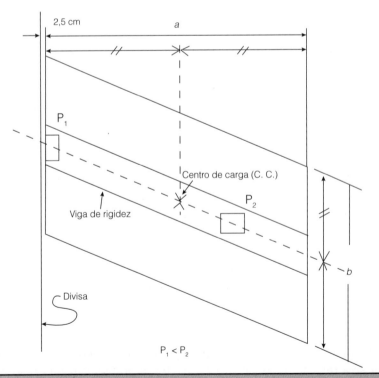

Figura 1.8

2.° Caso: O pilar da divisa tem carga maior que o outro pilar

Neste caso, o ponto de aplicação da resultante estará mais próximo do pilar P_1 e, portanto, a sapata deverá ter a forma de um trapézio. O valor de y é dado por

$$y = \frac{c}{3}\left[\frac{a+2b}{a+b}\right]$$

Esta expressão é facilmente deduzida, se o trapézio for desmembrado em dois triângulos, conforme se indica pela linha tracejada da Figura 1.9.

$$A \cdot y = A_1 \cdot \frac{c}{3} + A_2 \frac{2c}{3}$$

Substituindo $A = \frac{a+b}{2}c$, $A_1 = \frac{ac}{2}$ e $A_2 = \frac{bc}{2}$, obtém-se a expressão de y indicada acima.

O problema é resolvido dentro do seguinte roteiro:

a) Calculado o valor de y, que é a distância do centro de carga até a face externa do pilar P_1, impõe-se para c um valor $c < 3y$, visto que, para $c = 3y$, a figura que se obtém é um triângulo ($b = 0$).

b) Calcula-se a seguir a área do trapézio

$$A = \frac{P_1 + P_2}{\sigma_s} = \frac{a+b}{2}c,$$

que, pelo fato de c ser conhecido, permite calcular a parcela

$$(a+b) = \frac{2A}{c}$$

c) Como y também é conhecido (distância do centro de carga à face externa de P_1), pode-se escrever

$$y = \frac{c}{3}\left[\frac{(a+b)+b}{(a+b)}\right]$$

e, consequentemente, calcular b.

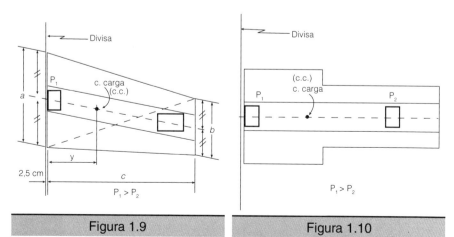

Figura 1.9   **Figura 1.10**

14   *Exercícios de fundações*

Se b for maior ou igual a 60 cm, o problema está resolvido.

Caso contrário, volta-se ao passo a e diminui-se o valor de c, repetindo-se o processo.

Para aplicação, ver 9.º *Exercício resolvido*.

Outra solução que pode ser dada para esta sapata é adotar a forma de T, conforme a Figura 1.10, porém, neste caso, a solução só pode ser obtida por tentativas.

Quando na sapata, além de carga vertical, atua também um momento, recomenda-se usar o seguinte procedimento:

a) Calcular a excentricidade $e = \dfrac{M}{N}$.

b) Fazer com que a excentricidade esteja dentro do núcleo central $\left(e \leq \dfrac{a}{6} \right)$. Neste caso, os valores das tensões aplicadas ao solo serão:

$$\left. \begin{array}{c} \sigma_{máx} \\ \\ \sigma_{mín} \end{array} \right\} = \frac{N}{A}\left(1 \pm \frac{6e}{a} \right)$$

c) Os valores $\sigma_{máx}$ e $\sigma_{mín}$ devem atender à relação

$\sigma_{máx} \leq 1,3\sigma_s$ **Nota:**   De acordo com a NBR 6122, em revisão, a área comprimida deve ser de, no mínimo, $\dfrac{2}{3}$ da área

$\dfrac{\sigma_{máx} + \sigma_{mín}}{2} \leq \sigma_s$ total, limitando o $\sigma_{máx}$ a σ_s, e não mais a 1,3 σ_s.

Ao contrário do que foi exposto para os pilares isolados com carga centrada, neste tipo de sapata não há necessidade de correlacionar seus lados com os lados do pilar, nem há a obrigatoriedade de se manter a relação $\dfrac{a}{b} < 2,5$. O problema é resolvido por tentativas, arbitrando-se valores para a e b que satisfaçam as relações acima.

Para aplicação, ver 18.º *Exercício resolvido*.

1.2 EXERCÍCIOS RESOLVIDOS

1.º **Exercício:** Dimensionar um bloco de fundação confeccionado com concreto $fck = 15$ MPa, para suportar uma carga de 1 700 kN aplicada por um pilar de 35 $\times$ 60 cm e apoiado num solo com $\sigma_s = 0,5$ MPa. Desprezar o peso próprio do bloco.

Solução

a) Dimensionamento da base

$$A = \frac{P}{\sigma_s} = \frac{1700}{500} = 3,4\,\text{m}^2$$

Pode-se adotar para lados 1,80 $\times$ 1,90 m.

b) Dimensionamento do bloco

$$\sigma_t \leq \begin{cases} \dfrac{fck}{25} = \dfrac{15}{25} = 0,6\,\text{MPa} \\ 1\,\text{MPa} \end{cases}$$

Com $\left.\begin{array}{l}\sigma_t = 0,6\,\text{MPa} \\ \sigma_s = 0,4\,\text{MPa}\end{array}\right\} \dfrac{\text{Ábaco}}{\text{Fig. 1.2}}\, \alpha \cong 60°$

$a = 1,90\,\text{m} \quad a_0 = 0,60\,\text{m}$

$b = 1,80\,\text{m} \quad b_0 = 0,35\,\text{m}$

$h \geq \left\{\begin{array}{l} \dfrac{1,90 - 0,60}{2}\, tg\,60° \cong 1,15\,\text{m} \\ \dfrac{1,80 - 0,35}{2}\, tg\,60° \cong 1,25\,\text{m} \end{array}\right\}$ adotado $h = 1,25\,\text{m}$

Adotando quatro escalonamentos, tem-se:

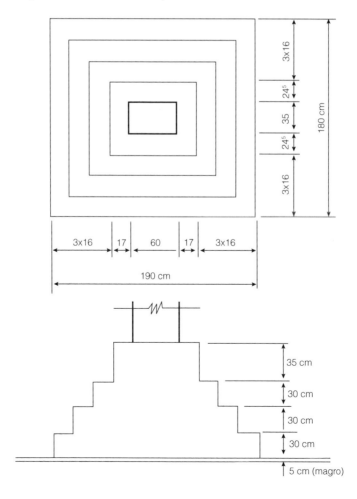

2.º **Exercício:** Dimensionar uma sapata para um pilar de 30 × 30 cm e carga de 1 500 kN, sendo a taxa admissível no solo igual a 0,3 MPa.

Solução

Tratando-se de um pilar de seção quadrada, a sapata mais econômica terá forma quadrada, de lado:

$$a = \sqrt{\frac{P}{\sigma_s}} = \sqrt{\frac{1500}{300}} = 2,24 \text{ m}$$

adotado $a = 2,25$ m

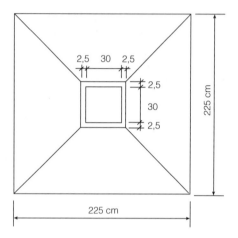

3.º **Exercício:** Dimensionar uma sapata para um pilar de seção 30 × 100 cm, com carga 3 000 kN, para um $\sigma_s = 0,3$ MPa.

Solução

A sapata mais econômica será retangular com balanços iguais.

$$a \times b = \frac{3000}{300} = 10 \text{ m}^2 \text{ ou } 100\,000 \text{ cm}^2$$

$$a - b = a_0 - b_0 = 100 - 30 = 70 \text{ cm}$$

$$(70 + b) \cdot b = 100\,000 \therefore$$

$$b^2 + 70b - 100\,000 = 0 \therefore b = 283 \text{ cm}$$

adotado 285 cm.

$$a = 70 + b \therefore a = 355 \text{ cm}$$

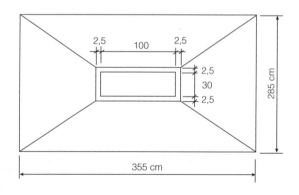

4.º Exercício: Projetar uma sapata para o pilar indicado abaixo, com carga de 3 000 kN e taxa no solo 0,3 MPa.

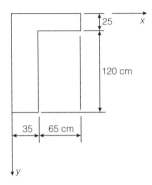

Solução

Cálculo das coordenadas do centro de carga (C.C.) do pilar que, neste caso, coincide com o centro de gravidade (C.G.).

$$x_g = \frac{35 \times 145 \times 17,5 + 25 \times 65(35 + 32,5)}{35 \times 145 + 65 \times 25} \cong 30 \, cm$$

$$y_g = \frac{35 \times 145 \times 72,5 + 25 \times 65 \times 12,5}{35 \times 145 + 65 \times 25} = 58 \, cm$$

Por conseguinte, o retângulo circunscrito ao pilar dado e que possui o mesmo C.G. terá para lados:

$$a_0 = 2(145 - 58) = 2 \times 87 = 174 \, cm$$

$$b_0 = 2(100 - 30) = 2 \times 70 = 140 \, cm$$

Finalmente, para calcular a sapata, procede-se de maneira análoga ao exercício anterior, obtendo-se

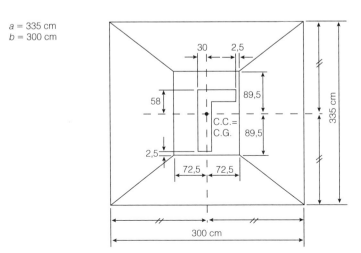

5.º Exercício: Projetar uma sapata para o pilar abaixo para $\sigma_s = 0{,}3$ MPa.

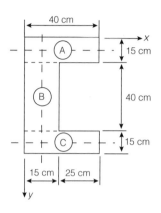

Ramo A = 1 000 kN/m
Ramo B = 1 500 kN/m
Ramo C = 2 000 kN/m

Cargas ao longo do eixo

Solução

Cálculo das coordenadas do centro de carga (C.C.) que, neste caso, não coincidirá com o centro de gravidade (C.G.) do pilar.

$P_A = 0{,}4 \times 1\,000 = 400$ kN
$P_B = 0{,}4 \times 1\,500 = 600$ kN
$P_C = 0{,}4 \times 2\,000 = \underline{800}$ kN
$\phantom{P_C = 0{,}4 \times 2\,000 = }\,1\,800$ kN

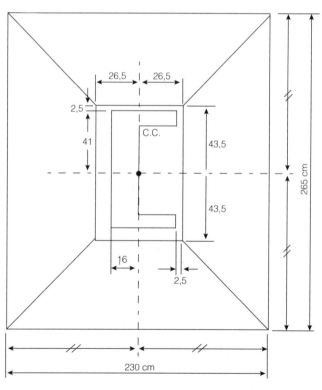

$400 \times 20 + 600 \times 7{,}5 + 800 \times 20 = 1800x \therefore$

$x = 16\,\text{cm}$

$400 \times 7{,}5 + 600 \times 35 + 800 \times 62{,}5 = 1800y \therefore$

$y = 41\,\text{cm}$

$b_0 = 2(40 - 16) = 48\,\text{cm}$

$a_0 = 2 \times 41 = 82\,\text{cm}$

$\left. a \times b = \dfrac{1800}{300} = 6\,\text{m}^2 \text{ ou } 60\,000\,\text{cm}^2 \right\} \therefore a = 265\,\text{cm} \quad b = 230\,\text{cm}$

$a - b = 82 - 48 = 34\,\text{cm}$

6.º Exercício: Projetar uma viga de fundação para os pilares P_1 e P_2 indicados abaixo, sendo a taxa no solo σ_s = 0,3 MPa e para os seguintes casos:

1.º *Caso:* $P_1 = P_2 = 1600\,\text{kN}$

2.º *Caso:* $P_1 = 1500\,\text{kN}$

$\quad\quad\quad P_2 = 1700\,\text{kN}$

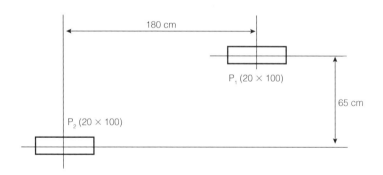

Solução

1.º Caso: Se $P_1 = P_2$, o centro de carga estará equidistante de P_1 e P_2.

$$A = \dfrac{2 \times 1600}{300} = 10{,}67\,\text{m}^2 \text{ ou } 106\,700\,\text{cm}^2$$

Neste caso, consegue-se uma sapata econômica fazendo com que o balanço seja $\dfrac{1}{5}a$

$\dfrac{3}{5}a = \sqrt{180^2 + 65^2} \therefore a = 318$ adotado $a = 320\,\text{cm}$

Como $a \times b = 106\,700\,\text{cm}^2 \quad b = 333$ adotado $b = 335\,\text{cm}$

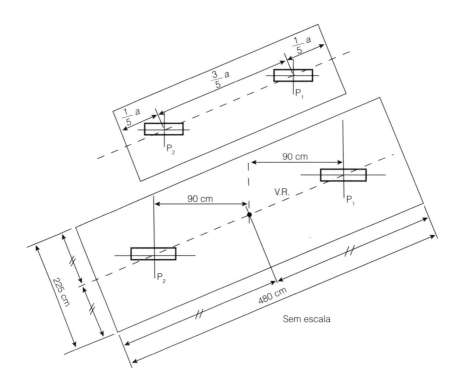

2.º Caso: Cálculo do centro de carga

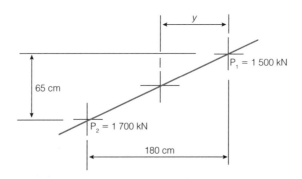

$$A = \frac{1700 + 1500}{300} = 10,67 \, \text{m}^2 \text{ ou } 106\,700 \, \text{cm}^2$$

Neste caso, a obtenção da sapata mais econômica torna-se difícil pois as cargas nos pilares são diferentes. No presente trabalho será seguido o seguinte roteiro:

Adota-se para $a/2$ a distância do centro de carga à face externa do pilar mais afastado, medida sobre o eixo da viga, acrescida de um valor arbitrário, a critério do projetista.

No presente exercício adotou-se $\dfrac{a}{2} = 2,25 \, \text{m} \therefore \begin{array}{l} a = 450 \, \text{cm} \\ b = 240 \, \text{cm} \end{array}$

Fundações rasas (blocos e sapatas)

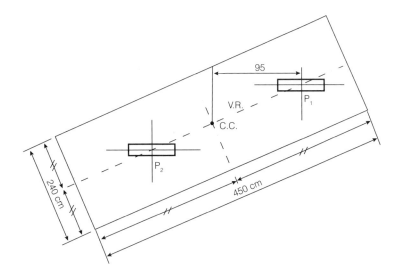

7.º **Exercício:** Dimensionar as sapatas dos pilares P_1 e P_2 indicados abaixo, sendo a taxa no solo $\sigma_s = 0{,}3$ MPa.

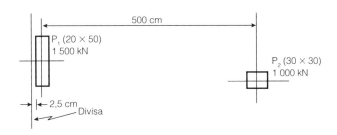

Pilar da divisa

$$A_1 = \frac{1500}{300} = 5\,\text{m}^2 \text{ ou } 50\,000\,\text{cm}^2$$

$$a = 2b \rightarrow 2b^2 = 50\,000 \therefore b \cong 160\,\text{cm}$$

$$e = \frac{b - b_0}{2} = \frac{160 - 20}{2} = 70\,\text{cm}$$

$$d = 500 - 70 = 430\,\text{cm}$$

$$\Delta P = 1500 \times \frac{70}{430} \cong 245\,\text{kN}$$

$$R = 1500 + 245 = 1745\,\text{kN}$$

$$A_f = \frac{1745}{300} = 5{,}82\,\text{m}^2 \text{ ou } 58\,200\,\text{cm}^2$$

$$a = \frac{58\,200}{160} \therefore a \cong 365\,\text{cm}$$

Pilar central

$$P' = 1000 - \frac{245}{2} = 877,5 \text{ kN}$$

$$A = \frac{877,5}{300} = 2,925 \text{ m}^2 \text{ ou } 29\,250 \text{ cm}^2$$

$$a = \sqrt{29\,250} = 171 \text{ cm adotado } a \cong 175 \text{ cm}$$

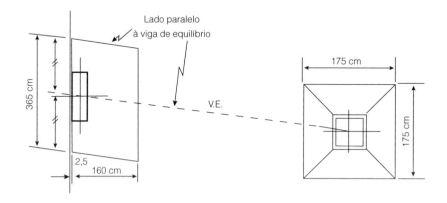

8.º **Exercício:** Projetar uma viga de fundação para os pilares P_1 e P_2 indicados abaixo, adotando $\sigma_s = 0,3$ MPa.

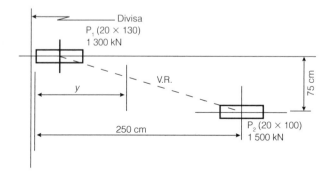

Solução

Cálculo do centro de carga y

$$y = \frac{1300 \times 65 + 1500 \times 250}{2800} = 164 \text{ cm}$$

$$a = 2 \times 164 = 328 \text{ cm}$$

$$b = \frac{2800}{300 \times 3,28} = 2,85 \text{ m ou } 285 \text{ cm}$$

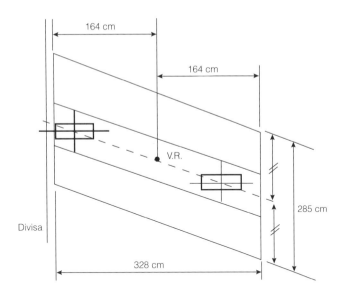

9.º **Exercício:** Dados os pilares abaixo, projetar uma viga de fundação para os pilares P_1 e P_2, sendo $\sigma_s = 0,3$ MPa.

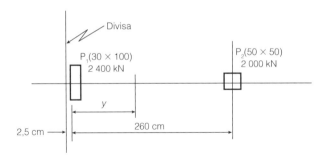

Solução

$$y = \frac{2000 \times 260 + 2400 \times 15}{4400} = 127 \text{ cm}$$

$$A = \frac{4400}{300} = 14,7 \text{ m}^2 \text{ ou } 147\,000 \text{ cm}^2$$

Adotar $c < 3y$ (ou seja, $c < 3 \times 127$)

Seja, por exemplo, $c = 360$ cm

$$\frac{a+b}{2} \times c = 147\,000 \therefore$$

$$a + b = \frac{147\,000 \times 2}{360} = 817 \text{ cm}$$

Como

$$y = \frac{c}{3} \cdot \left(\frac{a+2b}{a+b}\right) \therefore$$

$$127 = \frac{360}{3}\left(\frac{817+b}{817}\right) \therefore$$

$$b \cong 50\,\text{cm} < 60\,\text{cm}$$

Logo, deve-se diminuir o valor de c. Seja, por exemplo, $c = 330$ cm. Refazendo os cálculos, obtém-se $b \cong 140$ cm.

Como $\dfrac{a+b}{2} c = A$ então $a = 750$ cm

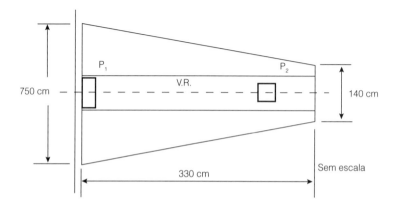

10.º **Exercício:** Projetar as sapatas dos pilares P_1 e P_2 abaixo, adotando $\sigma_s = 0{,}3$ MPa.

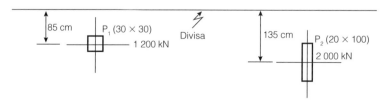

Solução

Verifica-se facilmente que, ao se tentar fazer uma sapata quadrada para o pilar P_1 e uma sapata retangular com balanços iguais para o pilar P_2, haveria necessidade de se ultrapassar a linha-limite da divisa.

Por esta razão, um dos lados das sapatas já é prefixado, ou seja, seu valor é igual a duas vezes a distância do centro do pilar à divisa diminuída de 2,5 cm, necessários para colocar a fôrma. Assim:

Pilar P_1: $A = \dfrac{1200}{300} = 4\,\text{m}^2$

$b = 2(85 - 2,5) = 165\,\text{cm}$

$a = \dfrac{40\,000}{165} \cong 245\,\text{cm}$

Pilar P_2: $A = \dfrac{2000}{300} = 6,67\,\text{m}^2$

$a = 2(135 - 2,5) = 265\,\text{cm}$

$b = \dfrac{66\,700}{265} \cong 255\,\text{cm}$

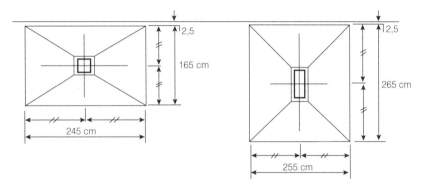

11.º Exercício: Dimensionar a sapata do pilar P_1, adotando-se para taxa do solo $\sigma_s = 0,25$ MPa.

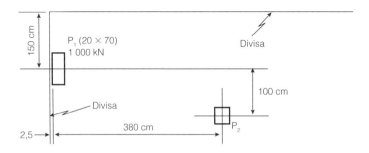

Solução

Seguindo o mesmo roteiro do 7.º Exercício, tem-se:

$$2b^2 = \frac{1000}{250} = 4\,\text{m}^2 \therefore b \cong 140\,\text{cm}$$

$$e = \frac{140 - 20}{2} = 60\,\text{cm}$$

$$d = 380 - 10 - 60 = 310\,\text{cm}$$

$$\Delta P = 1000\frac{60}{310} = 193,5\,\text{kN}$$

$$R = 1000 + 193,5 = 1193,5\,\text{kN}$$

$$A_f = \frac{1193,5}{250} \cong 4,8\,\text{m}^2 \therefore a = \frac{4,8}{1,4} = 3,45\,\text{cm}$$

$$\frac{a}{2} = 172,5\,\text{cm}$$

Entretanto, o espaço disponível do centro do pilar à divisa é $150 - 2,5 = 147,5$ cm, menor que $\frac{a}{2} = 172,5\,\text{cm}$.

Para diminuir a, deve-se aumentar b

1.ª Tentativa: Seja $b = 200\,\text{cm}$

$$e = \frac{200 - 20}{2} = 90\,\text{cm}$$

$$d = 280\,\text{cm}$$

$$R = 1000 + 1000\left(\frac{90}{280}\right) = 1320\,\text{kN}$$

$$a = \frac{1320}{250 \times 2} = 2,60\,\text{m}$$

$$\frac{a}{2} = 130\,\text{cm} < 147,5\,\text{cm}$$

Conclusão: Não precisava ter aumentado tanto o valor de b.

2.ª Tentativa: Seja $b = 180\,\text{cm}$

$$e = 80\,\text{cm}$$

$$d = 290\,\text{cm}$$

$$R = 1275\,\text{kN}$$

$$a = \frac{1275}{250 \times 1,8} = 2,85\,\text{m}$$

$$\frac{a}{2} = 142,5\,\text{cm} < 147,5$$

Conclusão: Pode-se diminuir um pouco mais o valor de b.

3.ª **Tentativa:** Seja $b = 170\,\text{cm}$
$$e = 75\,\text{cm}$$
$$d = 295\,\text{cm}$$
$$R = 1255\,\text{kN}$$
$$a = \frac{1255}{250 \times 1,7} \cong 2,95\,\text{m}$$
$$\frac{a}{2} = 147,5\,\text{cm} \quad \text{OK!}$$

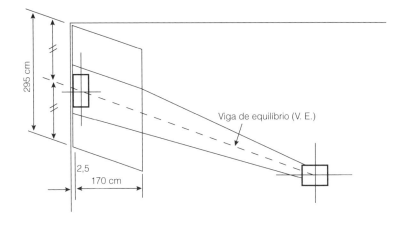

12.º **Exercício:** Dimensionar as sapatas dos pilares indicados para uma taxa no solo de 0,3 MPa.

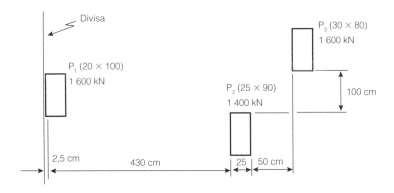

Solução

Sendo P_1 de divisa, ele deverá ser alavancado a um dos outros pilares. Entretanto, as sapatas dos pilares P_2 e P_3 não cabem isoladamente. Assim sendo, os pilares P_2 e P_3 serão apoiados numa viga de fundação e, portanto, a V.E. do P_1 deverá ser ligada ao centro de carga dos pilares P_2 e P_3.

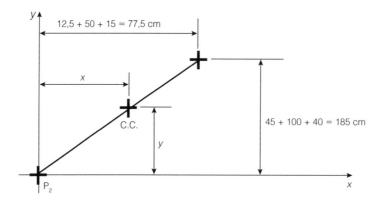

$$3000\ x = 1600 \times 77{,}5 \therefore$$
$$x \cong 41{,}5\,\text{cm}$$
$$3000\ y = 1600 \times 185 \therefore$$
$$y \cong 98{,}7\,\text{cm}$$

A distância do centro do pilar P_1 ao centro de carga de $P_2 + P_3$ é:

$$e = 430 - 10 + 12{,}5 + 41{,}5 = 474\,\text{cm}$$

Sapata do P_1: $2b^2 = \dfrac{1600}{300} = 5{,}35\,\text{m}^2 \therefore$

$$b \cong 165\,\text{cm}$$
$$e = \frac{165 - 20}{2} = 72{,}5\,\text{cm}$$
$$d = 474 - 72{,}5 = 401{,}5\,\text{cm}$$
$$R_1 = 1600 + 1600\,\frac{72{,}5}{401{,}5} = 1890\,\text{kN}$$
$$a = \frac{1890}{300 \times 1{,}65} \therefore a \cong 3{,}85\,\text{m}$$

Sapata do $P_2 + P_3$: $P_2 + P_3 - \dfrac{\Delta P}{2} = 3000 - \dfrac{290}{2} = 2855\,\text{kN}$

$$A = \frac{2855}{300} = 9{,}5\,\text{m}^2$$

Adotando-se $a = 380$ cm (procedimento análogo ao do 6.º Exercício), obtém-se $b = 250$ cm.

Fundações rasas (blocos e sapatas)

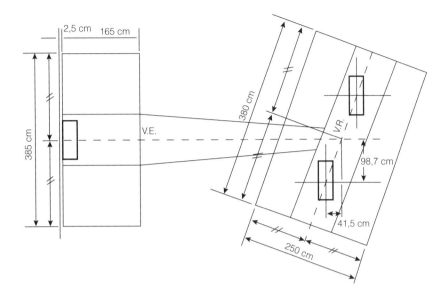

13.º **Exercício:** Projetar a fundação direta do P_2 com base nos dados fornecidos abaixo.

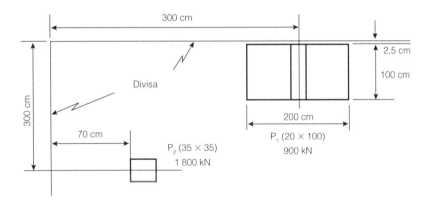

Solução

Cálculo da taxa do solo a partir da sapata do P_1.

$$\sigma_s = \frac{900}{2 \times 1} = 450 \, \text{kPa} \quad \text{ou} \quad 0,45 \, \text{MPa}$$

Dimensionamento do P_2

$$A = \frac{1800}{450} = 4 \, \text{m}^2$$

Verifica-se que, ao se tentar fazer uma sapata quadrada para o pilar P_2, haverá necessidade de ultrapassar a divisa. Por essa razão, um dos lados da sapata é prefixado

$$b = 2(70 + 17,5 - 2,5) = 170\,\text{cm} \therefore a = \frac{40\,000}{170} \cong 235\,\text{cm}$$

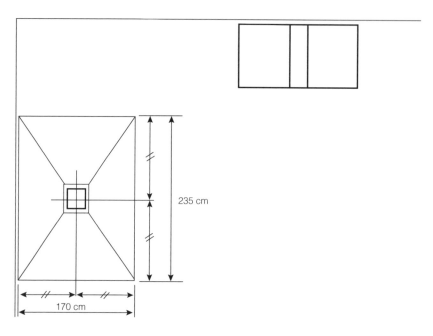

14.º Exercício: Calcular uma viga de fundação para os três pilares abaixo, adotando-se uma tensão admissível no solo $\sigma_s = 0,25$ MPa.

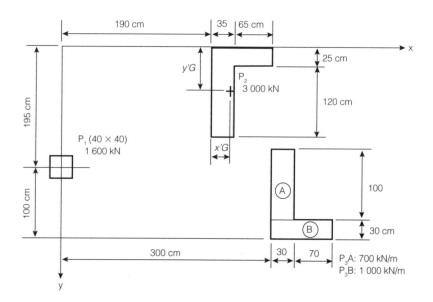

Solução

Cálculo do centro de carga do pilar P_2

$$x'_G = \frac{35 \times 145 \times 17,5 + 25 \times 65(32,5 + 35)}{35 \times 145 + 25 \times 65} \cong 30\,\text{cm}$$

$$y'_G = \frac{35 \times 145 \times 72,5 + 25 \times 65 \times 12,5}{35 \times 145 + 25 \times 65} \cong 58\,\text{cm}$$

Cálculo do centro de carga do conjunto:

	P_1	P_2	P_{3A}	P_{3B}
x	0	190 + 30 = 220	300 + 15 = 315	300 + 50 = 350
y	195	58	295 − 80 = 215	295 − 15 = 280

$$\Sigma P_i = 1600 + 3000 + 700 \times 1 + 1000 \times 1 = 6300\,\text{kN}$$

$$x_{C.C.} = \frac{0 + 3000 \times 220 + 700 \times 315 + 1000 \times 350}{6300} \cong 195,5\,\text{cm}$$

$$y_{C.C.} = \frac{1600 \times 195 + 3000 \times 58 + 700 \times 215 + 1000 \times 280}{6300} \cong 145,5\,\text{cm}$$

Área da sapata: $A = \dfrac{6300}{250} = 25,2\,\text{m}^2$

Uma solução poderá ser: sapata quadrada 505 × 505 cm centrada no ponto de coordenadas $(x_{C.C.} : y_{C.C.})$.

15.º Exercício: Com os dados abaixo, dimensionar a sapata do pilar P_2.

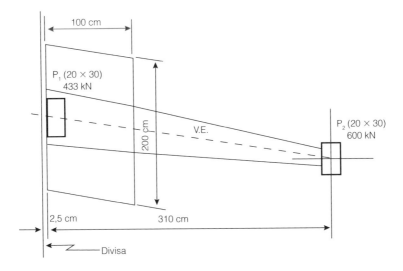

Solução

Cálculo de R_1

$$R_1 = P_1 + P_1 \frac{e}{d} = 433 + 433 \frac{40}{260} \cong 500\,\text{kN}$$

Cálculo de tensão no solo

$$\sigma_s = \frac{500}{2 \times 1} = 250\,\text{kPa} \quad \text{ou} \quad 0{,}25\,\text{MPa}$$

Cálculo da carga na sapata do P_2

$$R_2 = P_2 - \frac{\Delta P}{2} = 600 - \frac{67}{2} = 566{,}5\,\text{kPA}$$

$$\begin{cases} a \times b = \dfrac{566{,}5}{250} = 2{,}27\,\text{m}^2 \\ a - b = 0{,}3 - 0{,}2 = 0{,}1\,\text{m} \end{cases}$$

$$b^2 + 0{,}1b^2 = 2{,}27 \therefore b = \frac{-0{,}1 \pm \sqrt{4 \times 2{,}27}}{2} \therefore$$

$b = 1{,}46\,\text{m}$. Seja $b = 145\,\text{cm}$,
logo $a = 160\,\text{cm}$

16.º Exercício: Para uma taxa no solo de $\sigma_s = 0{,}2$ MPa, dimensionar as sapatas dos pilares P_1 e P_2.

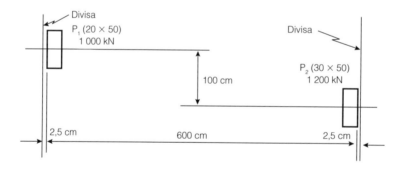

Este caso pode ser resolvido como sendo a superposição de dois casos de pilares de divisa com viga de equilíbrio. Inicialmente, calcula-se a largura b das sapatas partindo da relação $a = 2b$ e $\Delta P = 0$.

$$2b^2 = \frac{P}{\sigma_s} \therefore \begin{cases} b_1 = \sqrt{\dfrac{P_1}{2\sigma_s}} \\ b_2 = \sqrt{\dfrac{P_2}{2\sigma_s}} \end{cases}$$

Conhecidos b_1 e b_2, calculam-se e_1 e e_2, admitindo que cada viga-alavanca se ligue ao centro da sapata do outro pilar.

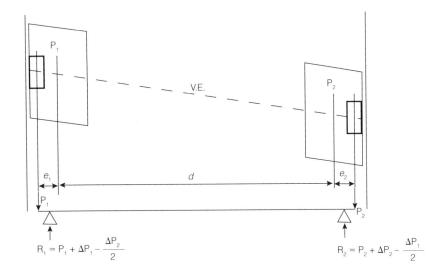

Alívio, devido a P_1, no centro da sapata P_2

$$\frac{\Delta P_1}{2} = \frac{1}{2} P_1 \frac{e_1}{d}$$

Alívio, devido a P_2, no centro da sapata P_1

$$\frac{\Delta P_2}{2} = \frac{1}{2} P_2 \frac{e_2}{d}$$

Reações finais para cálculo das sapatas

$$R_1 = P_1 + \Delta P_1 - \frac{\Delta P_2}{2} = P_1 + P_1 \frac{e_1}{d} - \frac{1}{2} P_2 \frac{e_2}{d}$$

$$R_2 = P_2 + \Delta P_2 - \frac{\Delta P_1}{2} = P_2 + P_2 \frac{e_2}{d} - \frac{1}{2} P_1 \frac{e_1}{d}$$

Seguindo o raciocínio exposto, têm-se

$$2b^2 = \frac{P}{\sigma_s} \therefore \begin{cases} b_1 = \sqrt{\dfrac{1000}{2 \times 200}} \cong 1,60\,\text{m} \text{ ou } 160\,\text{cm} \\ b_2 = \sqrt{\dfrac{1200}{2 \times 200}} \cong 1,75\,\text{m} \text{ ou } 175\,\text{cm} \end{cases}$$

$$e_1 = \frac{160 - 20}{2} = 70\,\text{cm}$$

$$e_2 = \frac{175-30}{2} = 72,5\,\text{cm}$$

$$d = 600 - 70 - 72,5 - 10 - 15 = 432,5\,\text{cm}$$

$$\Delta P_1 = 1000\frac{70}{432,5} = 160\,\text{kN}$$

$$\Delta P_2 = 1200\frac{72,5}{432,5} = 200\,\text{kN}$$

$$R_1 = 1000 + 160 - \frac{200}{2} = 1060\,\text{kN}$$

$$R_2 = 1200 + 200 - \frac{160}{2} = 1320\,\text{kN}$$

$$a_1 = \frac{1060}{200\times 1,6} \cong 3,35\,\text{m}$$

$$a_2 = \frac{1320}{200\times 1,75} \cong 3,80\,\text{m}$$

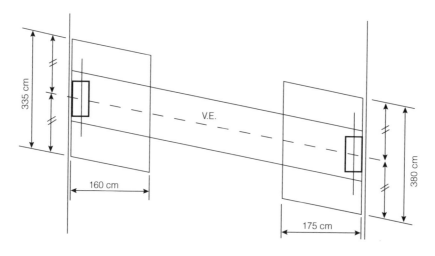

Outra maneira, também bastante difundida entre os projetistas de fundações, é calcular as sapatas supondo-se que a viga de equilíbrio seja uma viga isostática, conforme o esquema abaixo.

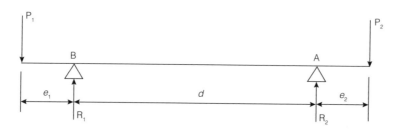

Inicialmente, arbitram-se os valores "e_1" e "e_2", que podem ser os mesmos do cálculo anterior, ou seja:

$$e_1 = \frac{b_1 - b_0}{2}, \text{ em que } b_1 = \sqrt{\frac{P_1}{2\sigma_s}}$$

$$e_2 = \frac{b_2 - b_0}{2}, \text{ em que } b_2 = \sqrt{\frac{P_2}{2\sigma_s}}$$

Os valores das reações R_1 e R_2 são calculados fazendo-se o equilíbrio $\Sigma M = 0$ ora em relação ao ponto A, ora em relação ao ponto B, e obtêm-se:

$$R_1 = \frac{P_1(e_1 + d) - P_2 e_2}{d}$$

$$R_2 = \frac{P_2(e_2 + d) - P_1 e_1}{d}$$

Com os valores de R_1 e R_2, e conhecidos b_1, b_2 e σ_s, calculam-se os lados a_1 e a_2.

17.º Exercício: Projetar a fundação para os pilares abaixo em sapatas com $\sigma_s = 0{,}3$ MPa.

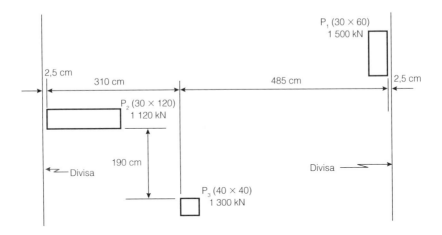

Solução

Embora o pilar P_2 esteja com uma das faces junto à divisa, tentar-se-á fazer uma sapata isolada, pois o mesmo tem a face mais comprida perpendicular à divisa.

$$A = \frac{1120}{300} = 3{,}74 \, \text{m}^2$$

Como um dos lados já é prefixado ($b = 1{,}20$ m, lado do pilar), tem-se

$$a = \frac{3{,}74}{1{,}20} \cong 3{,}15\,\text{m}$$

$$\frac{a}{b} = \frac{3{,}15}{1{,}20} \cong 2{,}6 > 2{,}5$$

Como $\dfrac{a}{b} > 2{,}5$, a sapata do pilar P_2 não pode ser isolada.

Entretanto, como o pilar P_1, tanto pode ser alavancado ao pilar P_2 como ao P_3, tentar-se-á alavancá-lo ao pilar P_2 e, desta forma, reduzir a carga do mesmo para ver se é possível reduzir o valor de a/b a uma parcela menor ou no máximo igual a 2,5, e, assim, fazer uma sapata isolada para o P_2.

P_1:

$$b = \sqrt{\frac{P}{2\sigma_s}} \; \therefore b \cong 1{,}60\,\text{m}$$

$$e = \frac{160 - 30}{2} = 65\,\text{cm}$$

$$d = 7{,}95 - 0{,}65 - 0{,}60 - 0{,}15 = 6{,}55\,\text{m}$$

$$\Delta P = 1500 \times \frac{65}{655} \cong 149\,\text{kN}$$

$$\frac{\Delta P}{2} = 74{,}5\,\text{kN} \; \therefore R_2 = 1120 - 74{,}5 = 1045{,}5\,\text{kN}$$

$$A = \frac{1045{,}5}{300} = 3{,}49\,\text{m}^2 \; \therefore a = \frac{3{,}49}{1{,}20} \cong 2{,}90\,\text{m}$$

$$\frac{a}{b} = \frac{2{,}90}{1{,}20} \cong 2{,}42 < 2{,}5 \; \text{OK!}$$

Assim sendo, a solução mais econômica é obtida alavancando-se o pilar P_1 ao P_2 e projetando uma sapata isolada para o pilar P_3.

Pilar P_1:

$$R = 1500 + 149 = 1649\,\text{t}$$

$$A = \frac{1649}{300} \cong 5{,}5\,\text{m}^2 \; \therefore a = \frac{5{,}5}{1{,}6} \cong 3{,}45\,\text{m}$$

Pilar P_3:

$$A = \frac{1300}{300} \cong 4{,}35\,\text{m}^2 \; \therefore a = \sqrt{4{,}35} \cong 2{,}10\,\text{m}$$

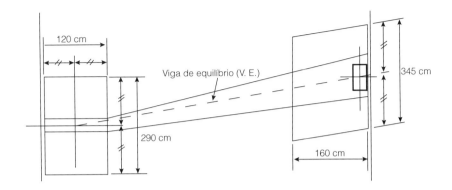

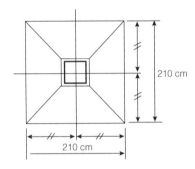

18.º **Exercício:** Calcular as dimensões de uma sapata para suportar um pilar de 20 × 150 cm com as seguintes cargas:

$$N = 1200\,kN$$
$$M = \pm 200\,kN \cdot m$$

A tensão admissível do solo é $\sigma_s = 0{,}3$ MPa

Solução

1.ª Tentativa:

$$b = 1{,}00\,m$$
$$a = 3{,}50\,m \therefore A = 3{,}5\,m^2$$
$$e = \frac{200}{1200} = 0{,}17\,m < \frac{a}{6}$$
$$\sigma_{máx} = \frac{1200}{3{,}5}\left(1 + \frac{6 \times 0{,}17}{3{,}5}\right) \therefore$$
$$\therefore \sigma_{máx} \cong 443\,kN/m^2 > 1{,}3\sigma_s$$

2.ª Tentativa:

$b = 1,00\,m$
$a = 4,00\,m$ $\therefore A = 4,0\,m^2$

$\sigma_{máx} = \dfrac{1200}{4}\left(1 + \dfrac{6 \times 0,17}{4}\right) \therefore$

$\therefore \sigma_{máx} \cong 377\,kN/m^2 < 1,3\sigma_s$

$\sigma_{mín} = \dfrac{1200}{4}\left(1 - \dfrac{6 \times 0,17}{4}\right)$
$\cong 224\,kPa$

$\dfrac{\sigma_{máx} + \sigma_{mín}}{2} = \dfrac{377 + 224}{2}$
$\cong 300\,kPa \quad \cong \sigma_s$

Nota: De acordo com a NBR 6122, em revisão, a área comprimida deve ser de, no mínimo, $\dfrac{2}{3}$ da área total, limitando o $\sigma_{máx}$ a σ_s, e não mais a $1,3\,\sigma_s$.

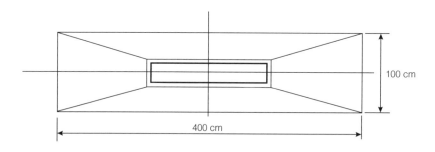

1.3 EXERCÍCIOS PROPOSTOS

Projetar sapatas para os pilares indicados abaixo, usando taxa no solo de 0,3 MPa.

1.º Exercício

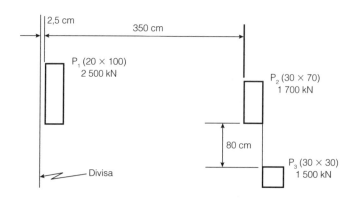

Resposta: $P_1: a = 220\,cm$
$\quad\quad\quad\quad\;\; b = 520\,cm$

P_2 e P_3: Viga de fundação com área A = 9,1 m² e coordenadas do C.C. x = 30 cm e y = 84 cm, adotando-se os eixos x e y, respectivamente, na face inferior do P_3 e na face esquerda do P_2.

2.º Exercício

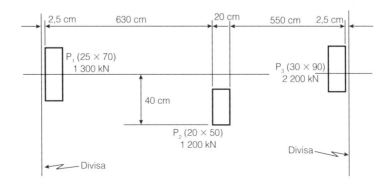

Resposta: P_1 e P_3 alavancados ao P_2. A sapata do P_2 será dimensionada para uma

carga $1200 - \dfrac{\Delta P_1}{2} - \dfrac{\Delta P_2}{2}$

P_1: a = 320 cm P_2: a = 195 cm P_3: a = 445 cm
    b = 150 cm b = 165 cm b = 195 cm

3.º Exercício

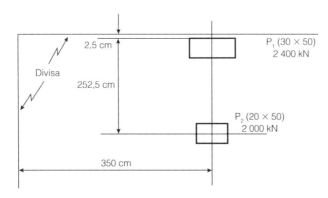

Resposta: Adotar o mesmo roteiro de cálculo do 9.º Exercício, impondo-se valores para $c < 3y$ até se obter $a \leqslant 2 \times 347,5$ cm (distância do P_1 à divisa, menos 2,5 cm).

a = 690 cm

b = 400 cm

c = 270 cm

4.º Exercício

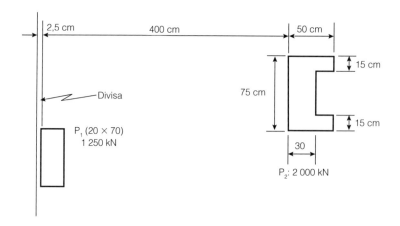

Resposta: P_1: $a = 340$ cm
$b = 145$ cm

P_2: $a = 260$ cm
$b = 245$ cm } O centro da sapata tem coordenadas $x = 20$ cm e $y = 37$ cm com os eixos x e y, respectivamente, na face inferior e esquerda do pilar.

5.º Exercício

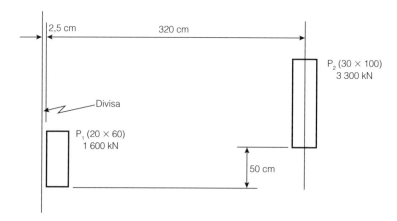

Resposta: Sapata associada $a = 440$ cm
$b = 365$ cm

Fundações rasas (blocos e sapatas)

6.º Exercício

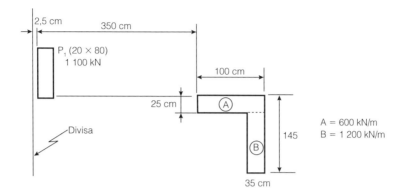

Resposta: $P_1: a = 315$ cm
$b = 135$ cm

$P_2: a = 270$ cm $\left\{\begin{array}{l}\text{O centro da sapata tem coordenadas } x = 73 \text{ cm e}\\ y = 81 \text{ cm com os eixos } x \text{ e } y, \text{ respectivamente, na}\\ \text{face inferior e esquerda do pilar.}\end{array}\right.$
$b = 250$ cm

7.º Exercício

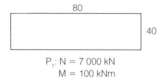

Resposta: Uma solução possível é: $a = 670$ cm
$b = 350$ cm

2 FUNDAÇÕES EM TUBULÕES

2.1 DEFINIÇÕES E PROCEDIMENTOS GERAIS DE PROJETO

2.1.1 Tubulões a céu aberto

Os tubulões a céu aberto são elementos estruturais de fundação constituídos concretando-se um poço aberto no terreno, geralmente dotado de uma base alargada (Figura 2.1). Este tipo de tubulão é executado acima do nível da água natural ou rebaixado, ou, em casos especiais, em terrenos saturados onde seja possível bombear a água sem risco de desmoronamentos. No caso de existir apenas carga vertical, este tipo de tubulão não é armado, colocando-se apenas uma ferragem de topo para ligação com o bloco de coroamento ou de capeamento.

Nota: Não se deve confundir bloco de capeamento com blocos de fundação, definidos no Capítulo 1. Os blocos de capeamento são os construídos sobre estacas ou tubulões, sendo os mesmos armados de modo a poder transmitir a carga dos pilares para as estacas ou os tubulões.

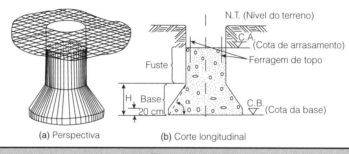

Figura 2.1

Nota: É conveniente usar $H \leqslant 2$ m.

O fuste normalmente é de seção circular (Figuras 2.1 e 2.2), adotando-se 70 cm como diâmetro mínimo (para permitir a entrada e saída de operários), porém, a projeção da base poderá ser circular (Figura 2.2a) ou em forma de falsa elipse (Figura 2.2b). Neste caso, a relação a/b deverá ser menor ou igual a 2,5.

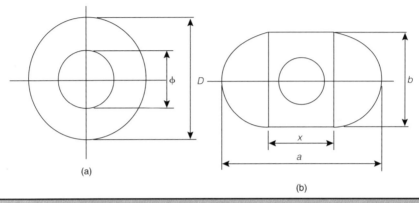

Figura 2.2

A área da base do tubulão é calculada da maneira análoga à exposta no Capítulo 1 para fundações rasas, visto que tanto o peso próprio do tubulão quanto o atrito lateral entre o fuste e o terreno são desprezados. Aqui se pode adotar para o peso próprio do bloco 5% da carga do pilar, mas, costuma-se desprezá-lo, por ser pouco significativo, já que se trata de um bloco quadrado circunscrito ao fuste do tubulão. Assim, a área da base será

$$A_b = \frac{P}{\sigma_s}$$

Se a base tiver seção circular, como está indicado na Figura 2.2a, o diâmetro da mesma será dado por

$$\frac{\pi D^2}{4} = \frac{P}{\sigma_s} \therefore D = \sqrt{\frac{4P}{\pi \sigma_s}}$$

Para aplicação, ver 1.º *Exercício resolvido do item* 2.2.1.

Se a base tiver seção de uma falsa elipse, como indica a Figura 2.2b, deve-se ter

$$\frac{\pi b^2}{4} + bx = \frac{P}{\sigma_s}$$

Para aplicação, ver 2.º, 3.º e 4.º *Exercícios resolvidos do item* 2.2.1.

Escolhido b (ou x), pode-se calcular x (ou b).

A área do fuste é calculada analogamente a um pilar cuja seção de ferro seja nula

$$\gamma_f P = 0,85 \, A_f \, fck / \gamma_c$$

Fundações em tubulões 45

em que, segundo a NBR 6122:2010

$\gamma f = 1,4$

$\gamma c = 1,8$

A fórmula acima pode ser escrita de maneira simplificada:

$$A_f = \frac{P}{\sigma_c}$$

em que $\sigma_c = \dfrac{0,85\,fck}{\gamma_f \gamma_c}$, que, para o caso de concretos com $fck \cong 15$ MPa

obtém-se $\sigma_c = 5$ MPa. Este é o valor que será usado nos exercícios, visto que a NBR 6122:2010 limita o fck a um valor de 20 MPa (hoje em dia, denominado como concreto C20).

O valor do ângulo α indicado na Figura 2.1b pode ser obtido a partir da Figura 1.2, entretanto, no caso de tubulões a céu aberto, adota-se $\alpha = 60°$. Assim, o valor de H será

$$H = \frac{D - \phi}{2}\,\mathrm{tg}\,60° \therefore H = 0,866\left(D - \phi\right) \text{ ou}$$

$0,866\ (a - \phi)$ quando, a base for falsa elipse.

O valor de H deverá ser no máximo 1,8 m, a não ser que sejam tomados cuidados especiais para garantir a estabilidade do solo.

O volume da base pode ser calculado, de maneira aproximada, como sendo a soma do volume de um cilindro com 20 cm de altura e um "tronco" de cone com altura $(H - 20$ cm$)$, ou seja,

$$V = 0,2A_b + \frac{H - 0,2}{3}\left(A_b + A_f + \sqrt{A_b \cdot A_f}\right),$$

em que V será obtido em metros cúbicos (m³), entrando-se com A_b (área da base) e A_f (área do fuste) em metros quadrados (m²).

2.1.2 Tubulões a ar comprimido

Pretendendo-se executar tubulões em solo onde haja água e não seja possível esgotá-la devido ao perigo de desmoronamento das paredes, utilizam-se tubulões pneumáticos com camisa de concreto ou de aço.

No caso de a camisa ser de concreto (Figura 2.3), todo o processo de cravação da camisa, abertura e concretagem de base é feito sob ar comprimido, visto ser esse serviço feito manualmente, com auxílio de operários. Se a camisa é de aço, a cravação da mesma é feita com auxílio de equipamentos e, portanto, a céu aberto (Figura 2.4). Só os serviços de abertura e concretagem da base é que são feitos sob ar comprimido, analogamente ao tubulão de camisa de concreto.

46 Exercícios de fundações

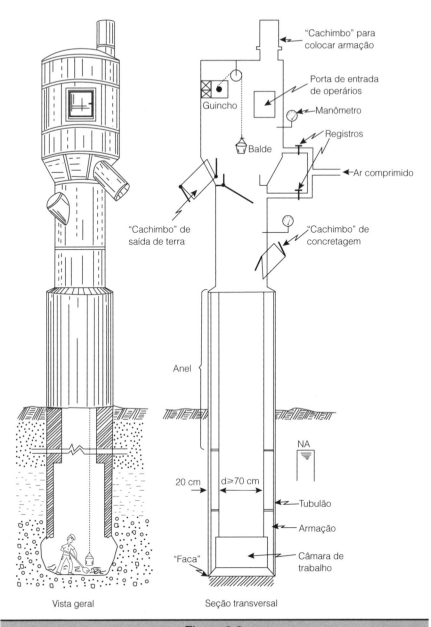

Figura 2.3

Fundações em tubulões

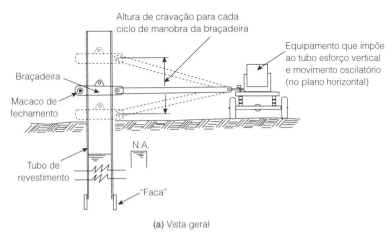

(a) Vista geral

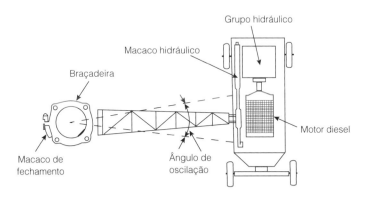

(b) Vista superior

Figura 2.4

A pressão máxima de ar comprimido empregada é de 3 atm (0,3 MPa), razão pela qual os tubulões pneumáticos têm sua profundidade limitada a 30 m abaixo do nível da água.

Também neste tipo de tubulão despreza-se a força de atrito entre o fuste e o solo, sendo a carga do pilar transmitida ao solo integralmente pela base. Por esta razão, o dimensionamento da base (área e altura) segue as mesmas recomendações dos tubulões a céu aberto. A diferença que existe está apenas no cálculo da seção do fuste.

Se o tubulão for de camisa de concreto, o dimensionamento do fuste será feito de maneira análoga ao cálculo para um pilar, dispensando-se a verificação da flambagem quando o tubulão for totalmente enterrado. Via de regra, a armadura necessária é colocada na camisa de concreto.

O cálculo é feito no estado-limite de ruptura

$$1,4\,N = 0,85\,A_f\,\frac{fck}{1,5} + A_s\,\frac{f'yk}{1,15}$$

em que:

N é a carga do pilar;

A_f é a seção transversal total do fuste;

A_s é a seção necessária da armadura longitudinal; e

fck e $f'yk$ são as resistências características à compressão, do concreto e do aço, respectivamente.

Além disso, tendo em vista o trabalho sob ar comprimido, os estribos devem ser calculados para resistir a uma pressão 30% maior que a pressão de trabalho (Figura 2.5), admitindo-se que não exista pressão externa de terra ou água.

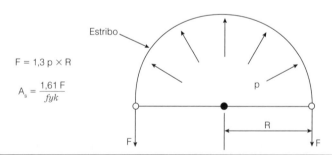

Figura 2.5

Para aplicação, ver 1.º *Exercício do item* 2.2.2.

Se o tubulão for de camisa de aço, e a mesma permanecer totalmente enterrada, poder-se-á considerar a seção transversal desta camisa como armadura longitudinal, descontando-se da mesma 1,5 mm de espessura, para levar em conta eventual corrosão.

Normalmente, a espessura mínima da camisa é de 1/4 pol para tubulões com diâmetro menor ou igual a 100 cm e 5/16 pol para tubulões com diâmetro maior que 100 cm.

O cálculo é feito para o estado-limite último, no qual a camisa de aço é considerada como armadura longitudinal, e para o estado-limite de utilização, em que só se considera a seção de concreto. A carga a adotar no tubulão é a menor das duas:

a) Estado-limite último

$$1,4N = 0,85 A_f \frac{fck}{1,5} + A_s \frac{f'yk}{1,15}$$

b) Estado-limite de utilização

$$N = 0,85 A_f \frac{fck}{1,3}$$

O valor de *fck* deve ser limitado a 20 MPa e a camisa de aço é considerada com *f'yk* = 240 MPa.

Como a camisa metálica só existe do topo da base para cima, há necessidade de colocar uma armadura de transição (quando a condicionante do dimensionamento for a hipótese *a*) cujo cálculo é feito com base na Figura 2.6. Esta armadura não leva estribos e é "cravada" na base logo após a concretagem da mesma.

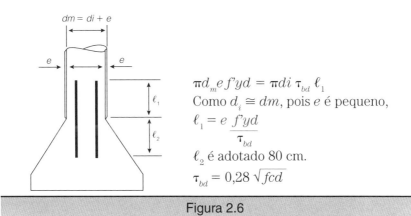

$\pi d_m e f'yd = \pi di\, \tau_{bd}\, \ell_1$
Como $d_i \cong dm$, pois e é pequeno,
$\ell_1 = e \dfrac{f'yd}{\tau_{bd}}$
ℓ_2 é adotado 80 cm.
$\tau_{bd} = 0,28\sqrt{fcd}$

Figura 2.6

Com base nas fórmulas acima, foi elaborada a Tabela 2.1, utilizada no dimensionamento dos tubulões de camisa de aço.

Para aplicação, ver 2.º *Exercício do Item 2.2.2*.

Finalmente, cabe lembrar que deve ser verificada a necessidade ou não de ancorar a camisa metálica devido à força E resultante do empuxo, para cima, provocado pelo ar comprimido. Essa força vale $E = \rho \dfrac{\pi di^2}{4}$, conforme se esquematiza na Figura 2.7.

A Tabela 2.2 dá os valores de E e a Tabela 2.3, o peso próprio dos tubos.

Para não necessitar ancorar a campânula, o empuxo E deve ser menor ou igual a 1,3 vez o peso próprio do tubo somado ao peso da campânula. As campânulas pesam normalmente de 20 a 30 kN.

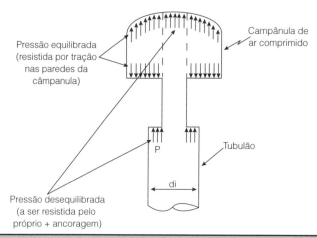

Figura 2.7

Tabela 2.1 Cargas máximas resistidas por tubulões com camisa de aço incorporada

Diâmetro do fuste (cm)	Chapa 1/4 pol $N_{máx}$ (kN)	Chapa 1/4 pol Ferragem de transição	Chapa 5/16 pol $N_{máx}$ (kN)	Chapa 5/16 pol Ferragem de transição	Chapa 3/8 pol $N_{máx}$ (kN)	Chapa 3/8 pol Ferragem de transição
70	3 700	13 ϕ 25	3 850	14 ϕ 25		
80	4 600	15 ϕ 25	5 050	19 ϕ 25		
90	5 600	16 ϕ 25	6 150	21 ϕ 25	6 400	25 ϕ 25
100	6 700	18 ϕ 25	7 300	24 ϕ 25	7 900	29 ϕ 25
110			8 550	26 ϕ 25	9 300	33 ϕ 25
120			9 900	28 ϕ 25	10 700	35 ϕ 25
130			11 350	31 ϕ 25	12 200	38 ϕ 25
140			12 900	33 ϕ 25	13 800	41 ϕ 25
150			14 550	36 ϕ 25	15 500	44 ϕ 25

Notas: 1) A ferragem de transição é CA 50A.

2) Foi descontado 1,5 mm de espessura da camisa para levar em conta o efeito de corrosão.

3) Resistências características:

3.1. Concreto $fck = 20$ MPa (classe C20)

3.2. Camisa $f'yk = 240$ MPa

Fundações em tubulões

4)
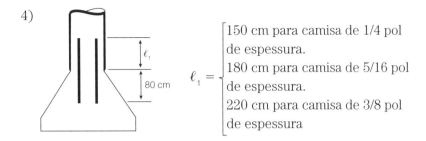

$\ell_1 = \begin{cases} 150 \text{ cm para camisa de } 1/4 \text{ pol} \\ \text{de espessura.} \\ 180 \text{ cm para camisa de } 5/16 \text{ pol} \\ \text{de espessura.} \\ 220 \text{ cm para camisa de } 3/8 \text{ pol} \\ \text{de espessura} \end{cases}$

5) A ferragem de transição indicada na tabela corresponde ao valor máximo da carga.

Tabela 2.2 Empuxo devido à pressão interna em tubulões (em kN)

p MPa \ d_i (cm)	70	80	90	100	110	120	130	140	150
0,03	12	15	19	24	29	34	40	46	53
0,05	19	25	32	39	48	57	66	77	88
0,07	27	35	45	55	67	79	93	108	124
0,10	39	50	64	79	95	113	133	154	177
0,15	58	75	95	118	143	170	199	231	265
0,20	77	100	127	157	190	226	265	308	353
0,25	96	126	159	196	238	283	332	385	442
0,30	116	151	191	236	285	339	398	462	530

Tabela 2.3 Peso de camisa de aço (em kN/m) para os diâmetros

Espessura da camisa \ fuste (cm)	70	80	90	100	110	120	130	140	150
1/4 pol	1,10	1,26	1,41	1,57	1,73	1,88	2,04	2,20	2,36
5/16 pol	1,38	1,58	1,78	1,98	2,18	2,37	2,57	2,77	2,97
3/18 pol	1,65	1,88	2,12	2,36	2,59	2,83	3,06	3,30	3,53

52   *Exercícios de fundações*

Tabela 2.4 Dimensionamento de tubulões a céu aberto

Diâmetro da base (cm)	Cargas em MN, para taxas no terreno (MPa)									
	0,3	0,4	0,5	0,6	0,7	0,8	0,9	1,0	1,2	1,5
150	0,53	0,71	0,88	1,06	1,24	1,41	1,59	1,77	2,13	2,65
155	0,57	0,75	0,94	1,13	1,32	1,51	1,70	1,89	2,26	2,83
160	0,60	0,80	1,00	1,20	1,41	1,61	1,81	2,01	2,41	3,00
165	0,64	0,86	1,07	1,28	1,49	1,71	1,92	2,14	2,56	3,20
170	0,68	0,91	1,13	1,36	1,59	1,82	2,04	2,27	2,71	3,39
175	0,72	0,96	1,20	1,44	1,68	1,92	2,16	2,40	2,87	3,59
180	0,76	1,02	1,27	1,52	1,78	2,03	2,28	2,54	3,05	3,81
185	0,80	1,07	1,34	1,61	1,88	2,15	2,42	2,69	3,12	4,02
190	0,85	1,13	1,42	1,71	1,08	2,27	2,55	2,84	3,39	4,24
195	0,90	1,19	1,49	1,79	2,09	2,39	2,69	2,99	3,57	4,46
200	0,94	1,26	1,57	1,88	2,20	2,51	2,83	3,14	3,76	4,70
205	0,99	1,32	1,65	1,98	2,31	2,64	2,98	3,31	3,95	4,94
210	1,03	1,38	1,73	2,08	2,42	2,77	3,12	3,46	4,14	5,19
215	1,08	1,45	1,82	2,18	2,54	2,80	3,27	3,63	4,34	5,42
220	1,14	1,52	1,90	2,28	2,66	3,04	3,42	3,80	4,55	5,69
225	1,19	1,59	1,99	2,39	2,78	3,18	3,58	3,98	4,75	5,93
230	1,24	1,66	2,07	2,49	2,90	3,32	3,73	4,15	4,96	6,21
235	1,30	1,75	2,19	2,63	3,50	3,50	3,94	4,38	5,19	6,49
240	1,35	1,81	2,26	2,72	3,17	3,62	4,07	4,53	5,41	6,75
245	1,41	1,88	2,35	2,82	3,29	3,76	4,23	4,70	5,65	7,05
250	1,47	1,96	2,45	2,94	3,43	3,92	4,90	4,90	5,87	7,32
255	1,53	2,04	2,55	3,07	3,58	4,08	4,60	5,11	6,11	7,65
260	1,59	2,12	2,65	3,18	3,71	4,24	4,77	5,30	6,35	7,91
265	1,65	2,20	2,75	3,31	3,86	4,41	4,96	5,51	6,60	8,25
270	1,71	2,29	2,86	3,44	4,00	4,58	5,17	5,72	6,85	8,58
275	1,78	2,38	2,97	3,56	4,16	4,75	5,35	5,94	7,10	8,88
280	1,84	2,46	3,08	3,69	4,31	4,92	5,53	6,15	7,35	9,20
285	1,91	2,55	3,19	3,83	4,47	5,10	5,73	6,38	7,61	9,51
290	1,98	2,64	3,30	3,96	4,62	5,28	5,94	6,60	7,90	9,85
295	2,05	2,74	3,42	4,10	4,78	5,47	6,16	6,84	8,16	10,20

(continua)

Fundações em tubulões 53

Tabela 2.4 Dimensionamento de tubulões a céu aberto *(continuação)*

Diâmetro da base (cm)	Cargas em MN, para taxas no terreno (MPa)									
	0,3	0,4	0,5	0,6	0,7	0,8	0,9	1,0	1,2	1,5
300	2,12	2,82	3,53	4,23	4,93	5,65	6,35	7,06	8,45	10,60
305	2,19	2,92	3,65	4,38	5,12	5,84	6,57	7,31	8,75	10,90
310	2,26	3,02	3,77	4,52	5,28	6,03	6,78	7,55	9,01	11,30
315	2,33	3,11	3,89	4,67	5,45	6,22	7,00	7,78	9,30	11,61
320	2,41	3,22	4,02	4,82	5,63	6,43	7,23	8,04	9,61	12,01
325	2,48	3,32	4,14	4,97	5,80	6,63	7,46	8,28	9,91	12,40
330	2,56	3,42	4,27	5,12	5,98	6,84	7,70	8,55	10,21	12,80
335	2,64	3,72	4,40	5,28	7,16	7,05	7,82	8,80	10,58	13,19
340	2,72	3,62	4,53	5,44	6,34	7,25	8,15	9,07	10,81	13,59
345	2,80	3,74	4,67	5,61	6,54	7,48	8,42	9,35	11,19	13,98
350	2,88	3,84	4,81	5,77	6,72	7,68	8,65	9,62	11,50	14,40
355	2,96	3,96	4,95	5,94	6,92	7,92	8,92	9,99	11,81	14,79
360	3,05	4,07	5,08	6,11	7,12	8,14	9,16	10,18	12,19	15,20
365	3,13	4,18	5,23	6,27	7,32	3,37	9,41	10,45	12,50	15,61
370	3,22	4,30	5,38	6,46	7,53	8,62	9,68	10,75	12,90	16,10
375	3,31	4,42	5,52	6,62	7,22	8,82	9,93	11,02	13,20	16,50
380	3,40	4,54	5,67	6,81	7,95	9,08	10,22	11,34	13,59	16,95
385	3,49	4,66	5,82	6,98	8,15	9,31	10,48	11,63	13,90	17,40
390	3,58	4,78	5,98	7,17	8,37	9,56	10,76	11,95	14,30	17,81
395	3,67	4,90	6,13	7,35	8,58	9,80	11,02	12,25	14,61	18,30
400	3,76	5,02	6,28	7,54	8,80	10,05	11,30	12,57	15,00	18,80

Diâmetro do fuste (cm)	70	80	90	100	110	120	130	150	170	200
Carga (MN)	1,92	2,51	3,18	3,93	4,75	5,66	6,63	8,83	11,34	15,70

Tabela 2.5 Cálculo de altura, volume do alargamento de base (V_1) e volume total da base (V_2) (unidades cm e m³)

Base (cm)	70 cm alt.	V_1	V_2	80 cm alt.	V_1	V_2	90 cm alt.	V_1	V_2	100 cm alt.	V_1	V_2	110 cm alt.	V_1	V_2
150	70	0,58	0,85	60	0,48	0,78	55	0,41	0,76	45	0,31	0,67	35	0,22	0,55
155	75	0,66	0,95	65	0,56	0,88	55	0,45	0,80	50	0,37	0,77	40	0,27	0,65
160	80	0,75	1,06	70	0,64	0,99	60	0,52	0,90	55	0,44	0,87	45	0,33	0,76
165	85	0,84	1,17	75	0,73	1,10	65	0,60	1,02	55	0,50	0,93	50	0,41	0,88
170	85	0,90	1,23	80	0,82	1,22	70	0,69	1,14	60	0,57	1,04	55	0,48	1,00
175	90	1,00	1,36	85	0,93	1,35	75	0,78	1,26	65	0,66	1,17	55	0,53	1,05
180	95	1,12	1,49	85	0,99	1,41	80	0,89	1,40	70	0,75	1,30	60	0,61	1,18
185	100	1,24	1,63	90	1,10	1,55	85	1,00	1,54	75	0,85	1,44	65	0,70	1,32
190	105	1,37	1,78	95	1,23	1,70	85	1,07	1,61	80	0,96	1,59	70	0,81	1,47
195	110	1,50	1,93	100	1,35	1,85	90	1,18	1,76	85	1,08	1,75	75	0,92	1,63
200	115	1,64	2,09	105	1,50	2,02	95	1,32	1,93	85	1,15	1,82	80	1,03	1,79
205	120	1,79	2,26	110	1,64	2,19	100	1,46	2,10	90	1,28	1,99	85	1,15	1,96
210	120	1,89	2,36	115	1,80	2,37	105	1,61	2,28	95	1,42	2,17	85	1,23	2,04
215	125	2,08	2,55	120	1,96	2,56	110	1,76	2,46	100	1,57	2,36	90	1,38	2,23
220	130	2,23	2,74	120	2,06	2,66	115	1,92	2,66	105	1,72	2,55	95	1,52	2,42
225	135	2,41	2,94	125	2,24	2,86	120	2,10	2,87	110	1,89	2,76	100	1,68	2,63
230	140	2,60	3,15	130	2,42	3,07	120	2,20	2,97	115	2,06	2,97	105	1,84	2,84
235	145	2,81	3,38	135	2,62	3,29	125	2,39	3,19	120	2,24	3,19	110	2,03	3,07
240	150	3,03	3,61	140	2,82	3,52	130	2,59	3,42	120	2,35	3,30	115	2,21	3,30
245	155	3,25	3,85	145	3,04	3,76	135	2,80	3,66	125	2,55	3,54	120	2,40	3,54
250	155	3,37	3,98	150	3,26	4,01	140	3,01	3,91	130	2,77	3,79	120	2,52	3,66
255	160	3,62	4,24	155	3,50	4,27	145	3,24	4,17	135	2,98	4,05	125	2,72	3,91
260	165	3,87	4,51	155	3,64	4,41	150	3,48	4,44	140	3,21	4,32	130	2,95	4,18
265	170	4,12	4,78	160	3,89	4,69	155	3,73	4,72	145	3,45	4,60	135	3,18	4,46
270	175	4,38	5,07	165	4,16	4,98	155	3,88	4,87	150	3,70	4,89	140	3,42	4,75
275	180	4,67	5,37	170	4,43	5,28	160	4,15	5,17	155	3,97	5,19	145	3,67	5,05
280	185	4,96	5,68	175	4,71	5,68	165	4,41	5,47	155	4,13	5,35	150	3,94	5,36
285	185	5,14	5,86	180	5,01	6,91	170	4,70	5,79	160	4,41	5,67	155	4,22	5,69
290	190	5,45	6,19	185	5,32	6,24	175	5,00	6,15	165	4,70	6,00	155	4,38	5,85
295	195	5,77	6,53	185	5,50	6,42	180	5,32	6,47	170	5,00	6,34	160	4,67	6,19
300	200	6,10	6,88	190	5,82	6,77	185	5,64	6,82	175	5,31	6,69	165	4,97	6,54
305	205	6,44	7,24	195	6,17	7,14	185	5,84	7,02	180	5,64	7,06	170	5,30	6,91
310	210	6,80	7,62	200	6,81	7,51	190	6,17	7,39	185	5,97	7,43	175	5,63	7,29
315	215	7,16	8,00	205	6,88	7,90	195	6,53	7,78	185	6,18	7,64	180	5,97	7,68
320	215	7,39	8,23	210	7,25	8,30	200	6,90	8,18	190	6,54	8,04	185	6,32	8,08
325	220	7,78	8,64	215	7,64	8,71	205	7,28	8,59	195	6,91	8,45	185	6,53	8,29
330	225	8,18	9,06	215	7,88	8,95	210	7,67	9,01	200	7,29	8,87	190	6,91	8,71
335	230	8,59	9,49	220	8,26	9,36	215	8,07	9,45	205	7,69	9,31	195	7,30	9,15
340	235	9,02	9,94	225	9,71	9,83	215	8,32	9,70	210	8,10	9,76	200	7,70	9,60
345	240	9,46	10,40	230	9,14	10,29	220	8,75	10,16	215	8,52	10,22	205	8,11	10,06
350	245	9,92	10,88	235	9,59	10,76	225	9,19	10,63	215	8,78	10,48	210	8,55	10,54
355	250	10,40	11,37	240	10,05	11,25	230	9,65	11,12	220	9,23	10,97	215	8,99	11,03
360	250	10,68	11,66	245	10,53	11,75	235	10,17	11,62	225	9,69	11,47	215	9,26	11,30
365	255	11,38	12,17	250	11,01	12,26	240	10,58	12,13	230	10,16	11,98	220	9,72	11,81
370	260	11,68	12,69	250	11,32	12,57	245	11,09	12,66	235	10,65	12,51	225	10,20	12,34
375	265	12,20	13,23	255	11,84	13,11	250	11,60	13,20	240	11,15	13,05	230	10,70	12,88
380	270	12,74	13,79	260	12,36	13,66	250	11,92	13,52	245	11,67	13,61	235	11,21	13,44
385	275	13,28	14,35	265	12,91	14,23	255	12,45	14,08	250	12,22	14,19	240	11,73	14,01
390	280	13,85	14,94	270	13,46	14,81	260	13,01	14,67	250	12,53	14,50	245	12,26	14,59
395	280	14,20	15,29	275	14,04	15,41	265	13,57	15,27	255	13,09	15,10	250	12,83	15,20

(continua)

Fundações em tubulões

| 120 cm ||| 130 cm ||| 140 cm ||| 150 cm ||| Base |
alt.	V₁	V₂	alt.	V₁	V₂	alt.	V₁	V₂	alt.	V₁	V₂	(cm)
25	0,15	0,43										150
30	0,19	0,53	25	0,13	0,46							155
35	0,23	0,63	25	0,15	0,48							160
40	0,30	0,75	30	0,20	0,60	25	0,14	0,52				165
45	0,36	0,87	35	0,25	0,72	25	0,17	0,55				170
50	0,44	1,00	40	0,32	0,85	30	0,22	0,68	25	0,14	0,58	175
55	0,52	1,14	45	0,38	0,98	35	0,27	0,81	25	0,18	0,62	180
55	0,57	1,19	50	0,47	1,13	40	0,34	0,96	30	0,23	0,76	185
60	0,65	1,53	55	0,55	1,28	45	0,42	1,11	35	0,29	0,91	190
65	0,76	1,49	55	0,60	1,33	50	0,49	1,26	40	0,36	1,07	195
70	0,87	1,66	60	0,70	1,50	55	0,58	1,43	45	0,43	1,23	200
75	0,96	1,83	65	0,81	1,67	55	0,64	1,49	50	0,53	1,41	205
80	1,11	2,01	70	0,92	1,85	60	0,75	1,67	55	0,62	1,59	210
85	1,24	2,20	75	1,04	2,04	65	0,86	1,86	55	0,68	1,65	215
85	1,32	2,28	80	1,18	2,24	70	0,97	2,05	60	0,79	1,85	220
90	1,47	2,48	85	1,31	2,44	75	1,11	2,26	65	0,91	2,06	225
95	1,62	2,89	85	1,40	2,53	80	1,25	2,68	70	1,03	2,27	230
100	1,79	2,92	90	1,55	2,75	85	1,39	2,70	75	1,17	2,50	235
105	1,96	3,15	95	1,72	2,98	85	1,43	2,79	80	1,31	2,73	240
110	2,15	3,32	100	1,89	3,22	90	1,64	3,03	85	1,47	2,97	245
115	2,34	3,64	105	2,07	3,47	95	1,82	3,28	85	1,57	3,07	250
120	2,54	3,90	110	2,27	3,73	100	2,00	3,54	90	1,74	3,33	255
120	2,67	4,03	115	2,47	4,00	105	2,19	3,81	95	1,92	3,60	260
125	2,89	4,30	120	2,69	4,29	110	2,40	4,09	100	2,11	3,88	265
130	3,12	4,50	120	2,82	4,42	115	2,62	4,39	105	2,31	4,17	270
135	3,35	4,69	125	3,06	4,72	120	2,84	4,69	110	2,52	4,47	275
140	5,62	6,50	130	3,30	5,03	120	2,97	4,82	115	2,75	4,79	280
145	5,80	6,59	135	3,55	5,35	125	5,23	5,15	120	2,99	5,11	285
150	6,17	5,26	140	3,82	5,68	130	3,46	5,43	120	3,13	5,25	290
155	4,49	6,21	145	4,10	6,03	135	3,74	6,62	125	3,39	5,60	295
155	4,66	6,38	150	4,39	6,38	140	4,02	6,18	130	3,65	5,95	300
160	4,93	6,76	155	4,69	6,75	145	4,52	6,96	135	3,93	6,32	305
165	5,26	7,12	155	4,87	6,93	150	4,62	6,95	140	4,22	6,70	310
170	5,59	7,51	160	5,19	7,32	155	4,93	7,39	145	4,52	7,09	315
175	5,93	7,91	165	5,53	7,72	155	5,12	7,51	150	4,85	7,50	320
180	6,29	8,32	170	5,87	8,13	160	5,46	7,92	155	5,17	7,91	325
185	6,66	8,75	175	6,23	8,56	165	5,80	8,34	155	5,36	8,10	330
185	6,88	8,97	180	6,61	9,00	170	6,16	8,78	160	5,71	8,54	335
190	7,27	9,42	185	6,99	9,45	175	6,55	9,24	165	6,08	9,00	340
195	7,68	9,88	185	7,22	9,68	180	6,93	9,70	170	6,45	9,46	345
200	8,53	10,65	190	7,63	10,16	185	7,33	10,18	175	6,84	9,94	350
205	6,53	10,65	195	8,06	10,65	185	7,57	10,42	180	7,25	10,44	355
210	8,98	11,35	200	8,49	11,15	190	7,99	10,92	185	7,67	10,94	360
215	9,44	11,87	205	8,94	11,67	195	8,44	11,44	185	7,92	11,19	365
215	9,72	12,15	210	9,41	12,20	200	8,89	11,97	190	8,36	11,72	370
220	10,20	12,69	215	9,88	12,74	205	9,36	12,52	195	8,81	12,26	375
225	10,70	13,24	215	10,17	13,03	210	9,85	13,08	200	9,29	12,83	380
230	11,22	13,82	220	10,67	13,60	215	10,34	13,65	205	9,77	13,40	385
235	11,74	14,40	225	11,20	14,19	215	10,64	13,95	210	10,27	13,99	390
240	12,29	15,00	230	11,73	14,79	220	11,16	14,55	215	10,79	14,60	395

2.2 EXERCÍCIOS RESOLVIDOS

2.2.1 Tubulões a céu aberto

1.° Exercício: Dado o pilar abaixo, projetar a fundação em tubulão a céu aberto com taxa no solo igual a 0,6 MPa.

$P_{1A} = 1\,400$ kN/m (ao longo do eixo)

$P_{1B} = 1\,000$ kN/m (ao longo do eixo)

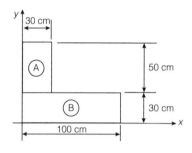

Solução

Cálculo do centro de carga

$$P_{1A} = 1400 \times 0,5 = 700\,\text{kN}$$

$$P_{1B} = 1000 \times 1 = 1000\,\text{kN}$$

$$x_{c.c.} = \frac{700 \times 15 + 1000 \times 50}{1700} = 35,6\,\text{cm}$$

$$y_{c.c.} = \frac{700 \times 55 + 1000 \times 15}{1700} = 31,5\,\text{cm}$$

Base: Diâmetro $D = \sqrt{\dfrac{4 \times 1700}{\pi \times 600}} = 1,90\,\text{m}$ ou 190 cm

Diâmetro do fuste: $\phi = \sqrt{\dfrac{4 \times 1700}{\pi \times 5000}} = 0,66\,\text{m}$

$\rightarrow 70\,\text{cm}$

Altura $H = 0,866\,(190 - 70) = 104$ Adotado 105 cm < 180 cm

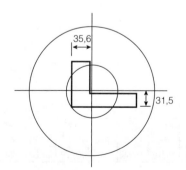

$\phi = 70$ cm
$D = 190$ cm
$H = 105$ cm

Fundações em tubulões

2.° **Exercício**: Projetar um tubulão para o pilar abaixo com taxa no solo de 0,6 MPa.

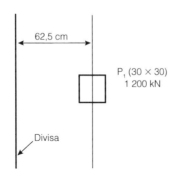

Solução

Diâmetro da base $D = \sqrt{\dfrac{4 \cdot 1200}{\pi \cdot 600}} = 1,60\,\text{m}$ não cabe, pois a distância do centro do pilar à divisa é menor que $\dfrac{D}{2}$. Assim sendo, deve-se adotar uma falsa elipse para a base. O valor de b será $2 \times 62,5 = 125$ cm, pois, ao contrário das sapatas, não é necessário deixar folga de 2,5 cm para colocação da fôrma, visto que a base do tubulão é concretada contra o solo (ver Figura 2.1). Assim, pode-se escrever

$$\pi \frac{1,25^2}{4} + 1,25 \times x = \frac{1200}{600} \therefore x = 0,65\,\text{m}$$

Diâmetro do fuste $\phi = \sqrt{\dfrac{4 \cdot 1200}{\pi \cdot 5000}} = 0,55\,\text{m}$.

Adotado 70 cm

Verificação $\dfrac{a}{b} = \dfrac{190}{125} < 2,5$

Altura da base $H = 0,866\,(190 - 70) \cong 105$ cm < 180 cm

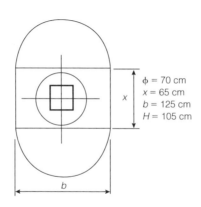

3.° **Exercício:** Projetar a fundação para os pilares P_1 e P_2 em tubulão a céu aberto. Taxa admissível no solo 0,5 MPa.

Solução

Diâmetro da base – Como a base dos tubulões se superpõe, adotar falsas elipses, deixando uma folga entre as duas de 10 cm.

Adotando $b = 160$ cm ter-se-á:

Pilar 1

Área necessária

$$A = \frac{1880}{500} = 3,76 \, cm^2$$

Área dos semicírculos

$$\frac{\pi b^2}{4} = \frac{\pi \times 1,6^2}{4} = 2,00 \, m^2$$

Área do retângulo $3,76 - 2,00 = 1,76 \, m^2$

$$x = \frac{1,76}{1,6} \cong 1,10 \, m$$

Verificação

$$\frac{a}{b} = \frac{2,7}{1,6} < 2,5$$

Altura da base $H = 0,866 \, (2,7 - 0,70) \cong 1,75 \, m < 1,80 \, m$

Pilar 2

Repetindo o raciocínio, têm-se

$b = 1,60 \, m$

$x = 1,60 \, m$

$H \cong 1,80 \, m$

Diâmetro do fuste: $P_1 \to \phi = 70$ cm
$P_2 \to \phi = 75$ cm

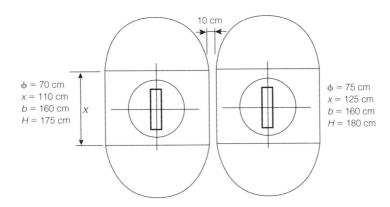

4.º **Exercício:** Desenhar a fundação em tubulão a céu aberto para o pilar abaixo, adotando taxa no solo 0,5 MPa.

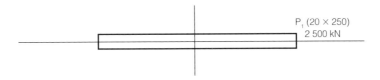

Solução

Tratando-se de um pilar comprido, a solução mais adequada (ver observação no 4.º parágrafo do item 5.2.3) é utilizar dois tubulões para carga de $\dfrac{2500}{2} = 1250$ kN.

Assim, seguindo o roteiro indicado no exercício anterior, chega-se a seguinte disposição:

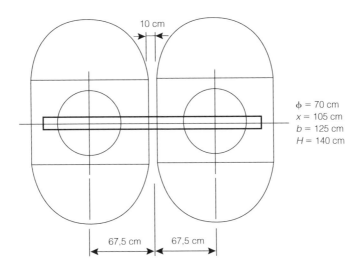

5.º **Exercício:** Dimensionar os tubulões dos pilares P_1 e P_2 indicados abaixo para uma taxa de 0,5 MPa.

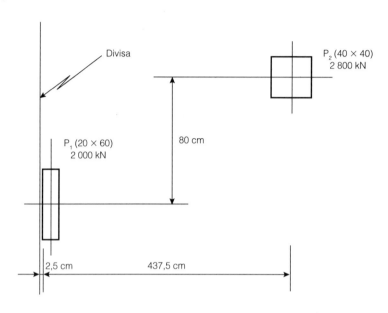

Solução

O roteiro para o cálculo dos tubulões deste exercício é análogo ao indicado no 7.º Exercício de sapatas. Assim, no caso de P_1, parte-se inicialmente de uma relação $a = 2b$ e adota-se a carga do pilar sem acréscimo. Com esse procedimento e a figura abaixo, pode-se calcular o valor de b.

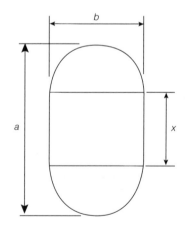

$$\frac{P}{\sigma_s} = \frac{\pi b^2}{4} + bx$$

Como $a = 2b \rightarrow x = b$

$$\frac{P}{\sigma_s} = \frac{\pi b^2}{4} + b^2 \therefore b = \sqrt{\frac{P}{\sigma_s\left(\frac{\pi}{4}+1\right)}}$$

Conhecido o valor de b, automaticamente obtém-se a excentricidade com base na figura abaixo.

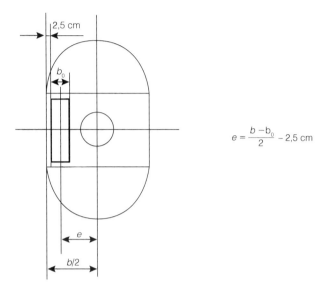

$$e = \frac{b - b_0}{2} - 2{,}5 \text{ cm}$$

O prosseguimento agora é igual ao indicado no 7.º Exercício de sapatas.

$$b = \sqrt{\frac{2000}{500\left(\frac{\pi}{4} + 1\right)}} \cong 1{,}50 \text{ m} \quad \text{ou} \quad 150$$

$$e = \frac{150 - 20}{2} - 2{,}5 = 62{,}5 \text{ cm}$$

$$d = 440 - \frac{150}{2} = 365 \text{ cm}$$

$$\Delta P = 2000 \times \frac{62{,}5}{365} \cong 340 \text{ kN}$$

$$R = 2000 + 340 = 2340 \text{ kN}$$

$$A = \frac{2340}{500} = 4{,}68 \text{ m}^2$$

$$4{,}68 = \frac{\pi \times 1{,}5^2}{4} + 1{,}5x \therefore x \cong 1{,}95 \text{ m}$$

Verificação

$$\frac{a}{b} = \frac{3{,}45}{1{,}50} < 2{,}5$$

Diâmetro do fuste $\phi = \sqrt{\frac{4 \times 2340}{\pi \times 5000}} \cong 0{,}80 \text{ m}$

Altura da base: $H = 0{,}866 \, (3{,}45 - 0{,}8) \cong 2{,}30$ cm > 180 cm.

Aumentando o diâmetro do fuste para $\phi = 1{,}30$ m, tem-se $H = 0{,}866\,(3{,}45 - 1{,}30)$ = 186 cm $\cong$ 180 cm. Outra solução é aumentar o valor de b e repetir o cálculo.

Dimensionamento do pilar P$_2$

$$P_2 = 2\,800 - \frac{340}{2} = 2\,630 \text{ kN}$$

$\phi = 85$ cm $D = 260$ cm $H = 155$ cm

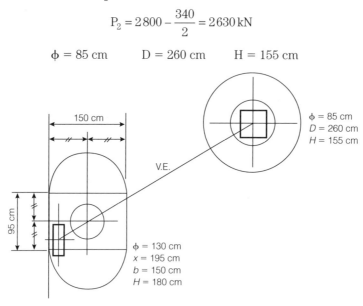

6.º **Exercício:** Com os dados abaixo, projetar a fundação em tubulões dos pilares P$_1$, P$_2$ e P$_3$.

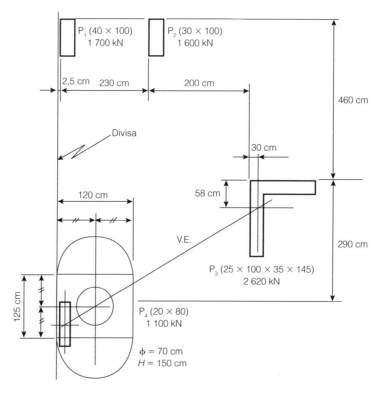

Solução

Cálculo da taxa do solo, com base no pilar P_4.

$$e_4 = \frac{120 - 20}{2} - 2,5 = 47,5\,\text{cm} \therefore$$

$$d = 430 + 30 + 2,5 - 60 = 402,5\,\text{cm}$$

$$R_4 = 1100 + 1100\,\frac{47,5}{402,5} \therefore R4 \cong 1230\,\text{kN}$$

$$A_4 = \frac{\pi \times 1,2^2}{4} + 1,2 \times 1,25 \cong 2,6\,\text{m}^2$$

$$\sigma_s = \frac{1230}{2,6} \cong 470\,\text{kN/m}^2 \quad \text{ou} \quad 0,47\,\text{MN/m}^2$$

Cálculo do tubulão do pilar P_1 (alavancado ao P_3)

$$b = \sqrt{\frac{1700}{470\left(\dfrac{\pi}{4} + 1\right)}} \cong 1,45\,\text{m}$$

$$e = \frac{145 - 40}{2} - 2,5 = 50\,\text{cm} \therefore$$

$$d = 430 + 30 - (50 + 20) = 390\,\text{cm}$$

$$R_1 = 1700 + 1700 \times \frac{50}{390} \cong 1918\,\text{kN}$$

$$A = \frac{1918}{470} \cong 4,1\,\text{m}^2$$

$$4,1 = \frac{\pi \times 1,45^2}{4} + 1,45x \therefore x \cong 1,70\,\text{m}$$

$$\text{fuste } \phi = \sqrt{\frac{4 \times 1918}{\pi \times 5000}} \cong 70\,\text{cm}$$

$$H = 0,866(315 - 70) = 212\,\text{cm} > 180\,\text{cm}$$

passando ϕ para 110 cm $\quad H \cong 180\,\text{cm}$ OK!

Cálculo do tubulão do pilar P_3:

$$R_3 = 2620 - \frac{130 + 218}{2} = 2446\,\text{kN}$$

$$\left.\begin{array}{l} D = \sqrt{\dfrac{4 \times 2446}{\pi \times 470}} = 2,60\,\text{m} \\[4mm] \phi = \sqrt{\dfrac{4 \times 2446}{\pi \times 5000}} = 0,80\,\text{m} \end{array}\right\} H = 0,866(260 - 80) \cong 155\,\text{cm} < 180\,\text{cm OK!}$$

Cálculo do tubulão do pilar P_2

Como se pode verificar, não dá para executar base circular.

Distância da face da base do P_1 ao centro do P_2: $d = 2\,325 + 15 - 145 = 102,5$ cm.

Deixando folga de 10 cm $b = 2 \times 102,5 - 10 = 195$ cm.

$$\frac{1600}{470} = \frac{\pi \times 1,95^2}{4} + 1,95x \therefore x \cong 0,20\,\text{m}$$

$$\phi = \sqrt{\frac{4 \times 1600}{\pi \times 5000}} \cong 0,70\,\text{m}$$

$$H = 0,866(215 - 70) \cong 125\,\text{cm} < 180\,\text{cm}\ \text{OK!}$$

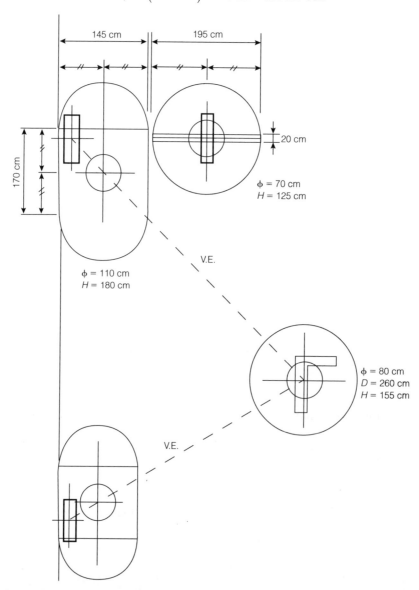

Fundações em tubulões

7.º Exercício: Com os dados indicados abaixo, projetar as fundações em tubulões dos pilares P_3 e P_4.

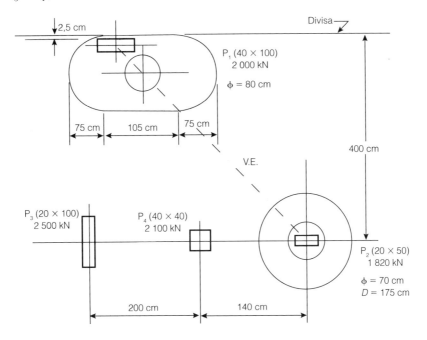

Solução

Inicialmente, deve-se determinar a taxa do solo analogicamente ao que foi feito no exercício anterior.

1.º **Cálculo:** Usando o pilar P_1

$$e_1 = 75 - (2,5 + 20) = 52,5\,\text{cm}$$
$$d_1 = 400 - 75 = 325\,\text{cm}$$
$$\Delta P_1 = 2000 \times \frac{52,5}{325} \cong 323\,\text{kN}$$
$$R_1 = 2000 + 323 = 2323\,\text{kN}$$
$$A_1 = \pi \times 0,75^2 + 1,05 \times 1,5 = 3,34\,\text{m}^2$$
$$\sigma_s = \frac{2323}{3,34} = 695\,\text{kPa} \cong 0,7\,\text{MPa}$$

2.º **Cálculo (verificação)**

$$R_2 = 1820 - \frac{323}{2} = 1658,5\,\text{kN}$$
$$A_2 = \frac{\pi \times 1,75^2}{4} = 2,4\,\text{m}^2$$
$$\sigma_s = \frac{1658,5}{2,4} = 691\,\text{kN/m}^2 \cong 0,7\,\text{MPa}$$

Verifica-se facilmente que, ao se tentar fazer um tubulão para o pilar P_4 (mesmo com base tangente ao tubulão P_2), a relação a/b será maior que 2,5. Por essa razão, uma das soluções será agrupar os pilares P_3 e P_4 num único bloco, sobre dois tubulões. Para tanto, torna-se necessário calcular o centro de carga. Feito o cálculo, chega-se a uma distância do centro de carga ao pilar P_3 da ordem de 0,90 m.

Inicialmente, tenta-se verificar se é possível um tubulão sob o pilar P_4. Para facilitar a exposição, permitir-se-á que esse tubulão tangencie o tubulão do pilar P_2.

A distância disponível será:

$$\frac{b}{2} = 140 - \frac{175}{2} = 52,5\,\text{cm} \therefore b = 1,05\,\text{m}$$

A carga para tubulão será:

$$N = \frac{1}{2}\left(2500 + 2100\right) = 2300\,\text{kN}$$

Área necessária:

$$A = \frac{2300}{700} \cong 3,29\,\text{m}^2$$

$$\frac{\pi \times 1,05^2}{4} + 1,05x = 3,29 \therefore x = 2,30\,\text{m}$$

$$\frac{a}{b} = \frac{2,30 + 1,05}{1,05} = 3,19 > 2,5 \;\left(\text{não pode}\right)$$

Como esta solução não é possível, coloca-se o tubulão do pilar P_4 a meia distância entre o centro de carga e a face da base do tubulão P_2, ou seja:

$$b = 1,10 + \left(1,4 - \frac{1,75}{2}\right) = 1,625\,\text{m seja } 1,6\,\text{m}$$

$$\frac{\pi \times 1,6^2}{4} + 1,6x = 3,29 \therefore x = 0,8\,\text{m}$$

$$\frac{a}{b} = \frac{0,8 + 1,6}{1,6} = 1,5 < 2,5\,\text{OK!}$$

$$H = 1,40\,\text{m}$$

O tubulão P_3, ficará também com o centro a 0,80 m do centro de carga e com as mesmas dimensões.

O diâmetro do fuste não apresenta maiores problemas para seu cálculo, chegando-se a $\phi = 80$ cm.

Fundações em tubulões

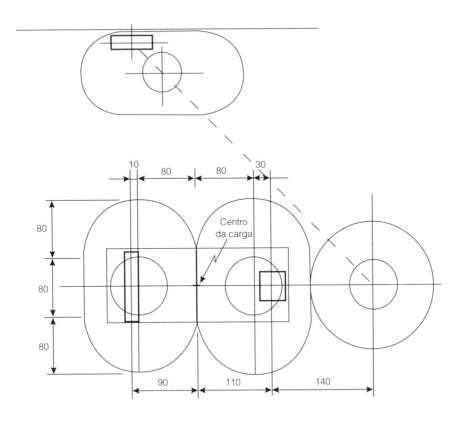

Uma outra solução que poderia ser feita é a indicada abaixo, ou seja, fazer um tubulão para o pilar P_3 e dois tubulões para o pilar P_4.

Pilar P_3:

$$A = \frac{2500}{700} = 3,57\,\text{m}^2 \therefore D = 2,15\,\text{m}$$
$$\text{Fuste}\,\phi = 80\,\text{cm}$$
$$H = 1,15\,\text{m}$$

Pilar P_4:

$$N = \frac{2100}{2} = 1050\,\text{kN}$$
$$A = \frac{1050}{700} = 1,5\,\text{m}^2 \therefore D = 1,40\,\text{m}$$
$$\text{Fuste}\,\phi = 70\,\text{cm}$$
$$H = 0,60\,\text{m}$$

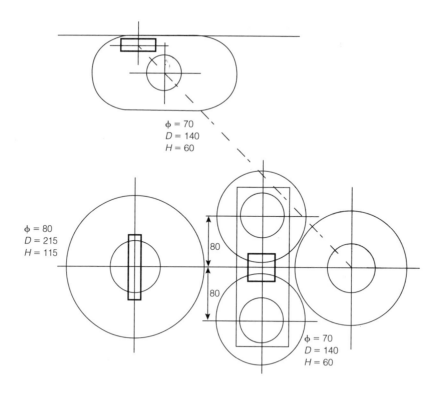

2.2.2 Tubulões a ar comprimido

1.º Exercício: Projetar a fundação para um pilar com carga vertical de 8 000 kN usando tubulão a ar comprimido com camisa de concreto.

Adotar taxa no solo $\sigma_s = 1$ MPa, resistência característica do concreto $f_{ck} = 20$ MPa e aço CA 50. Supor que a pressão interna do ar comprimido seja $p = 0,1$ MPa.

Solução

Adotando para a espessura da camisa de concreto 20 cm e diâmetro interno de 70 cm, têm-se:

$$A_f = \frac{\pi \times 110^2}{4} = 9500 \, \text{cm}^2$$

$$1,4N = 0,85 \, A_f \frac{f_{ck}}{1,5} + A_c \frac{50}{1,15} =$$

$$1,4 \times 8000 = 0,85 \times 9500 \frac{2}{1,5} + A_s \frac{50}{1,15}$$

A_s = negativo → adotar A_s mínimo, ou seja, 0,5% $A_c = 47,5 \rightarrow 23 \, \phi \, 16$ ou $9 \, \phi \, 25$

Estribos ϕ 6,3 cada 20 cm (mínimo para a peça trabalhar como pilar).

Verificação dos estribos para resistir à pressão interna do ar comprimido:

$$F = 1,3 \times 0,52 \times 0,1 = 0,068\,MN/m \text{ ou } 68\,kN/m$$

$$A_s = \frac{1,61 \times 68}{50} = 2,2\,cm^2/m, \text{ ou seja,}$$

$\phi\, 6,3$ cada $15\,cm$ (valor adotado)

Dimensões da base:

$$A_b = \frac{8\,000}{1\,000} = 8\,m^2, \text{ ou seja, } D = 3,20\,m$$

$$H = 0,866(3,20 - 1,10) = 1,80\,m$$

As características geométricas e o esquema da armadura são apresentados a seguir.

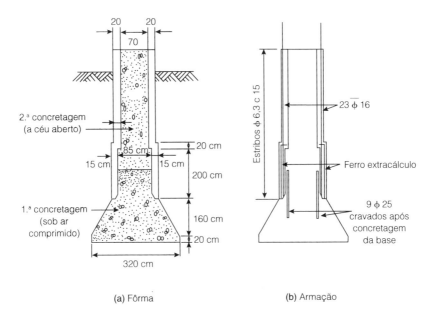

(a) Fôrma   (b) Armação

2.º **Exercício:** Projetar o tubulão do exercício anterior em camisa de aço.

Verificar se há necessidade de ancorar a campânula, admitindo que o peso da mesma seja 30 kN e que o fuste do tubulão tenha 20 m de comprimento.

Solução

O dimensionamento do fuste é feito com auxílio da Tabela 2.1, onde se vê que um tubulão $\phi = 110$ cm, com chapa 5/16 pol, atende à carga de projeto.

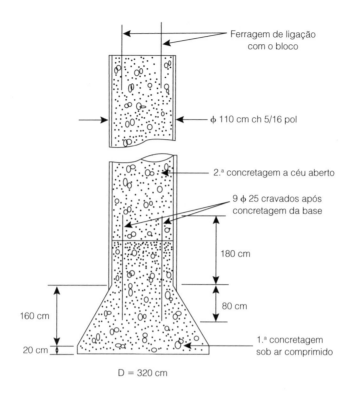

Verificação quanto ao arrancamento produzido pela pressão interna de ar comprimido:

$$E = \frac{\pi 1,1^2}{4}100 = 95\,\text{kN}$$

$$P = 30 + 20 \times 2,18 = 74\,\text{kN}$$

$\frac{P}{E} < 1,3$, portanto há necessidade de ancorar a campânula para uma força F calculada por:

$$\frac{P+F}{E} = 1,3$$

$$\frac{74+F}{95} = 1,3 \therefore F = 49,5\,\text{kN}$$

2.3 EXERCÍCIOS PROPOSTOS

1.º **Exercício:** Com os dados indicados abaixo, projetar a fundação dos pilares P_3 e P_4.

Fundações em tubulões

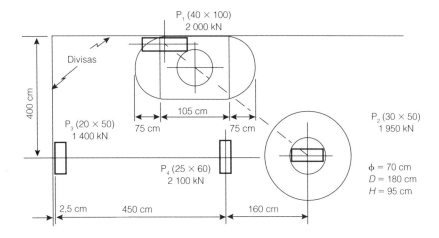

Resposta: $\sigma_s \cong 0{,}7$ MPa

P_3: ϕ = 70 cm $\quad\quad$ P_4: ϕ = 80 cm
$\quad\quad b$ = 105 cm $\quad\quad\quad\quad b$ = 120 cm
$\quad\quad x$ = 130 cm $\quad\quad\quad\quad x$ = 150 cm
$\quad\quad H$ = 140 cm $\quad\quad\quad\quad H$ = 165 cm

2.º Exercício: Após a execução dos tubulões dos pilares P_1 e P_2, houve modificação do projeto estrutural, sendo acrescentados os pilares P_A e P_B. Com base nos tubulões que já estavam executados, dimensionar os tubulões dos pilares P_A e P_B.

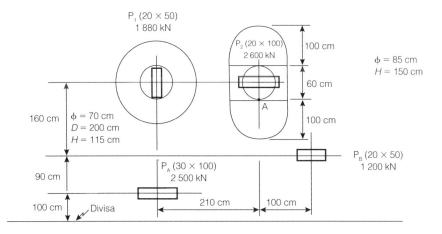

Resposta: $\sigma_s \cong 0{,}6$ MPa

P_A: ϕ = 80 cm	P_B: ϕ = 70 cm
b = 200 cm	b = 120 cm
x = 50 cm	x = 75 cm
H = 150 cm	H = 110 cm

Perpendicular à reta que liga o pilar P_B e o ponto A da base do P_2.

3.º Exercício: Projetar as fundações dos pilares abaixo indicados, em tubulão a céu aberto com $\sigma_s = 0{,}5$ MPa.

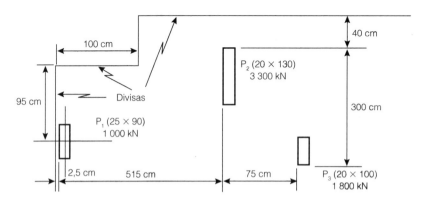

Resposta: Inicia-se o cálculo usando o roteiro do 5.º Exercício resolvido.

A seguir, aumenta-se o valor de b até se obter $\dfrac{b+x}{2} \leq 0{,}95$ m

P_1: ϕ = 70 cm	P_2: ϕ = 150 cm	P_3: ϕ = 70 cm
b = 140 cm	b = 210 cm	b = 140 cm
x = 50 cm	x = 150 cm	x = 115 cm
H = 105 cm	$H \cong 180$ cm	H = 160 cm

4.º Exercício: Projetar tubulões a céu aberto para os pilares P_1 e P_2 com $\sigma_s = 0{,}4$ MPa.

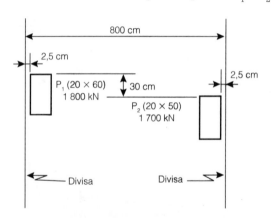

Fundações em tubulões

Nota: Seguir roteiro análogo ao 16.º Exercício de sapatas, partindo de

$$b_i = \sqrt{\frac{P_i}{\sigma_s\left(\frac{\pi}{4}+1\right)}}$$

P_1: ϕ = 130 cm		P_2: ϕ = 120 cm	
b = 160 cm		b = 155 cm	
x = 175 cm		x = 165 cm	
$H \cong 180$ cm		$H \cong 175$ cm	

5.º Exercício: Projetar tubulões a céu aberto para os pilares P_1 e P_2 com σ_s = 0,6 MPa.

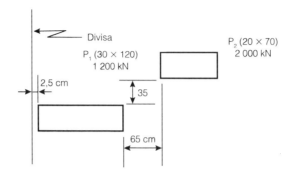

Resposta:
P_1: ϕ = 70 cm P_2: ϕ = 80 cm
b = 135 cm b = 160 cm
x = 45 cm x = 85 cm
H = 95 cm H = 145 cm

6.º Exercício: O tubulão do pilar P_2 já estava executado, quando, ao se executar o tubulão do pilar P_1, houve desmoronamento do solo durante a concretagem do fuste. Esse solo se misturou com o concreto, invalidando o tubulão. Que solução você sugere para o pilar P_1?

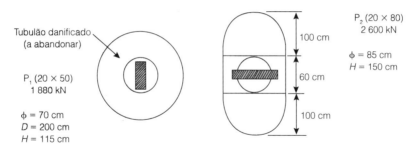

Resposta: Uma solução possível consiste em se executar dois tubulões para carga de 940 kN cada um e, sobre os mesmos, um bloco para apoio do pilar. O afastamento desses tubulões deverá ser tal que a base dos mesmos fique, no máximo, tangente à base do tubulão danificado.

Outra solução seria construir apenas um tubulão entre os pilares P_1 e P_2, criando-se uma viga de equilíbrio na qual se apoiaria o pilar P_1.

3

FUNDAÇÕES EM ESTACAS

3.1 DEFINIÇÕES E PROCEDIMENTOS GERAIS DE PROJETO

As estacas são elementos estruturatis esbeltos que, instalados no solo por cravação ou perfuração, têm a finalidade de transmitir cargas ao mesmo, seja pela resistência sob sua extremidade inferior (resistência de ponta), seja pela resistência ao longo do fuste (atrito lateral) ou pela combinação dos dois.

Quanto ao material as estacas podem ser de

a) madeira;

b) aço ou metálicas;

c) concreto (simples, armado ou protendido).

Neste último item, incluem-se as estacas pré-moldadas, as Strauss, as do tipo Franki, as estacas escavadas (com ou sem o emprego de lama bentonítica), as estacas raiz e as estacas hélice contínua (ver comentários na Apresentação, no início deste livro).

Uma vez escolhido o tipo de estaca cuja carga admissível e espaçamento mínimo entre eixos podem ser adotados com base na Tabela 3.1, o número de estacas calcula-se por:

$$\text{N. de estacas} = \frac{\text{Carga no pilar} + \text{peso próprio do bloco}}{\text{Carga admissível da estaca}}$$

Nota: Ao contrário das sapatas e dos tubulões, no caso das estacas é importante levar em conta o peso próprio do bloco, cujo valor mínimo é 5% da carga do pilar.

O cálculo acima só é válido se o centro de carga coincidir com o centro do estaqueamento e se no bloco forem usadas estacas do mesmo tipo e do mesmo diâmetro.

A disposição das estacas deve ser feita sempre que possível de modo a conduzir a blocos de menor volume. Na Figura 3.1 são indicadas algumas disposições, as mais comuns, para as estacas. No caso de haver superposição das estacas de dois ou mais pilares, pode-se unir os mesmos por um único bloco. Para pilares de divisa, deve-se recorrer ao uso de viga de equilíbrio.

De um modo geral, a distribuição das estacas deve ser feita como se indica a seguir:

3.1.1 A distribuição das estacas em torno do centro de carga do pilar deve ser feita, *sempre que possível*, de acordo com os blocos padronizados indicados na Figura 3.1.

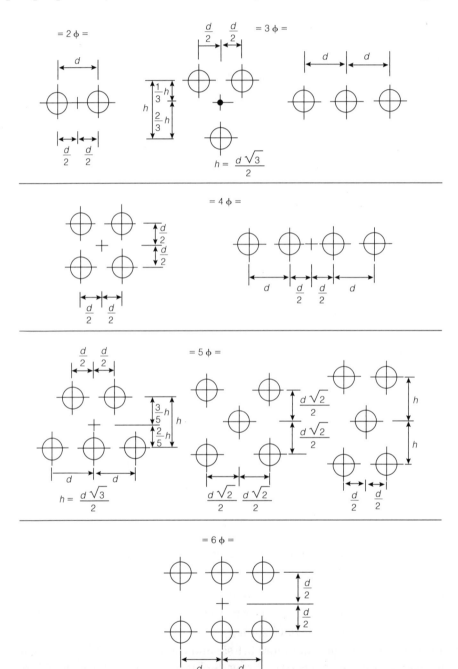

Figura 3.1 *(continua)*

Fundações em estacas

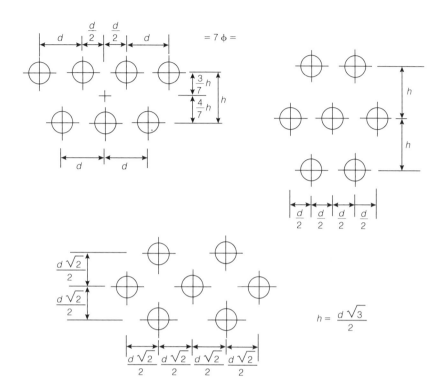

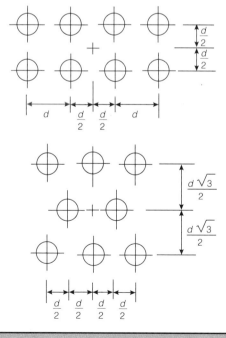

Figura 3.1 *(continuação)*

Tabela 3.1 Valores orientativos a serem confirmados (ver item 4.1.3)

Tipo de estaca		Seção transversal (cm ou pol)	Carga (kN)*	d (m)	a (m)
Estacas pré-moldadas	Seção de fuste quadrada	15 x 15	150	0,60	0,30
		20 x 20	200	0,60	0,30
		25 x 25	300	0,65	0,35
		30 x 30	400	0,75	0,40
		35 x 35	500	0,90	0,40
		40 x 40	700	1,00	0,50
	Seção de fuste circular	φ 20	200	0,60	0,30
		φ 25	300	0,65	0,30
		φ 30	400	0,75	0,35
		φ 35	550	0,90	0,40
		φ 40	700	1,00	0,50
		φ 50	1 000	1,30	0,50
		φ 60	1 500	1,50	0,50
	Estacas Strauss	φ 25	200	0,75	0,20
		φ 32	300	1,00	0,20
		φ 38	450	1,20	0,25
		φ 45	600	1,35	0,30
		φ 55	800	1,65	0,35
	Estacas Franki	φ 35	550	1,20	0,70
		φ 40	750	1,30	0,70
		φ 52	1 300	1,50	0,80
		φ 60	1 700	1,70	0,80
Estacas metálicas	Laminado CSN (aço A36)	I 10 pol x 4 5/8 pol	400	0,75	–
		I 12 pol x 5 1/4 pol	600	0,75	–
		II 10 pol x 4 5/8 pol	800	1,00	–
		II 12 pol x 5 1/4 pol	1 200	1,00	–
	Laminado (aço grau 50)	1,0 a 3,2 mm	Área útil x 20 kN/cm²	1,50	–

	φ (cm)	d (cm)	Área (m²)	Perímetro (cm)	N máx (kN)		
					σ_c = 3 MPa	σ_c = 4 MPa	σ_c = 5 MPa
Estacas escavadas	80	1,60	0,50	2,51	1 500	2 000	2 500
	100	1,80	0,79	3,14	2 400	3 000	4 000
	120	2,00	1,13	3,77	3 400	4 500	5 600
	150	2,30	1,77	4,71	5 300	7 000	8 800
	180	2,60	2,55	5,65	7 600	10 100	12 700

* Hoje em dia, costuma-se usar cargas maiores que as indicadas na Tabela 3.1. Por isso, recomenda-se consultar os catálogos técnicos das empresas executoras de estacas.

Nota: A distância d entre estacas deve atender ao item 8.3 da NBR 6122:2010.

** Para estacas escavadas, raiz e hélice contínua, consultar catálogos técnicos das empresas que as executam.

3.1.2   O espaçamento (d) entre estacas deve ser respeitado, não só entre as estacas do próprio bloco, mas também entre estacas de blocos contíguos.

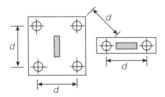

Figura 3.2

3.1.3   A distribuição das estacas deve ser feita, *sempre que possível*, no sentido de maior dimensão do pilar (Figura 3.3).

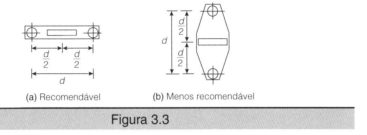

Figura 3.3

3.1.4   Só será escolhido o bloco da Figura 3.3b, quando o espaçamento com as estacas do bloco contíguo for insuficiente.

3.1.5   Para os blocos com mais de um pilar, o "centro de carga" deve coincidir com o centro de gravidade das estacas (Figura 3.4).

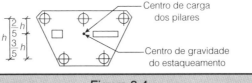

Figura 3.4

3.1.6   Deve-se evitar a distribuição de estacas indicada na Figura 3.5a por introduzir um momento de torção no bloco.

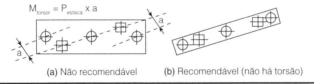

Figura 3.5

3.1.7 O estaqueamento deve ser feito, *sempre que possível*, independentemente para cada pilar.

3.1.8 Devem-se evitar, *quando possível*, blocos contínuos de grande extensão (Figura 3.6).

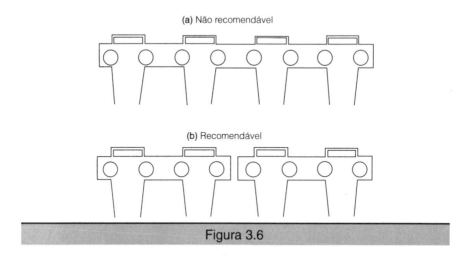

Figura 3.6

3.1.9 No caso de bloco com duas estacas para dois pilares, deve-se evitar a posição da estaca embaixo dos pilares (Figura 3.7).

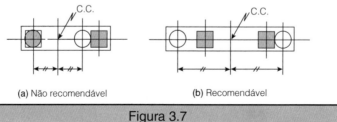

Figura 3.7

3.1.10 Nos projetos comuns, não se devem misturar estacas de diferentes diâmetros num mesmo bloco.

3.1.11 É recomendável indicar, no projeto, que os blocos de uma estaca com diâmetro ou bitola inferior a 30 cm sejam ligados por vigas aos blocos vizinhos, pelo menos em duas direções aproximadamente ortogonais (Figura 3.8a), e os blocos de duas estacas pelo menos com uma viga, como se indica na Figura 3.8b.

Para blocos de três estacas ou mais, não há necessidade de vigas de amarração.

Essas vigas deverão ser dimensionadas para absorver as excentricidades, permitidas por norma, que poderão ocorrer entre o eixo do pilar e o das estacas.

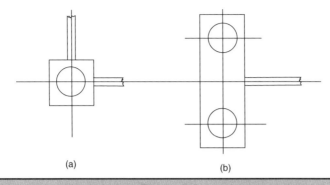

(a) (b)

Figura 3.8

3.1.12 Pilares de divisa

A solução de pilares de divisa sobre estacas é praticamente imediata, pois o valor da excentricidade e fica determinado tão logo se conheça o bloco de estacas que será usado, uma vez que a distância das estacas à divisa já é um dado do problema, estando o mesmo indicado na Tabela 3.1.

Para aplicação, ver 3.º, 4.º e 5.º *Exercícios resolvidos*.

3.1.13 Pilares com carga vertical e momento

O método que normalmente se usa (Figura 3.9) é o da superposição, que consiste em calcular a carga em cada estaca somando-se separadamente os efeitos da carga vertical e dos momentos.

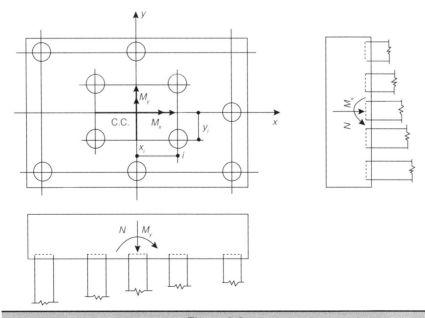

Figura 3.9

Para ser válido este processo, os eixos x e y devem ser os eixos principais de inércia e as estacas devem ser verticais, do mesmo tipo, diâmetro e comprimento.

A carga atuante numa estaca genérica i de coordenadas (x_i, y_i) é dada por:

$$P_i = \frac{N}{n} \pm \frac{M_y x_i}{\Sigma x_i^2} \pm \frac{M_y x_i}{\Sigma y_i^2}$$

em que N e a carga vertical resultante, na cota de arrasamento das estacas (incluindo o peso próprio do bloco); n é o número de estacas; e M_x e M_y são os momentos, na cota de arrasamento das estacas, considerados positivos conforme se indica na Figura 3.9.

Os sinais a serem considerados nesta fórmula dependem da posição da estaca. Tomando como referência a Figura 3.9, quando se considera o momento M_y, as estacas da direita terão sinal positivo (+) e as da esquerda, negativo (−). Analogamente, quando se considera o momento M_x, as estacas de cima terão o sinal negativo (−) e as de baixo, positivo (+).

O problema de estaqueamento sujeito a momentos é resolvido por tentativas, lançando-se um estaqueamento e calculando-se as cargas atuantes nas estacas. O estaqueamento será aceito se a carga nas estacas forem, no máximo, igual as cargas admissíveis de compressão e de tração da estaca.

Para aplicação, ver 9.º e 10.º *Exercícios resolvidos*.

3.2 EXERCÍCIOS RESOLVIDOS

Nota: Nos exercícios a seguir será admitido que as cargas verticais já incluam o peso próprio do bloco.

Para os pilares indicados abaixo, projetar a fundação em estacas pré-moldadas com as seguintes características:

Diâmetro..40 cm
Distância entre estacas..............................100 cm
Distância à divisa ....50 cm
Carga máxima ....700 kN

Nota: Considerar que as cargas verticais já incluem o peso próprio do bloco.

1.º Exercício

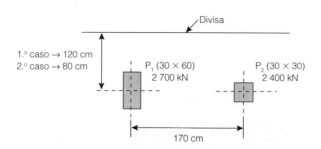

2.º **Exercício**

3.º **Exercício**

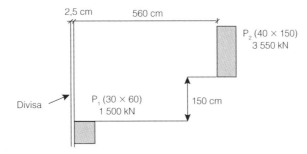

Solução

1.º **Exercício**

1.º **Caso:** Verifica-se que não há possibilidade de projetar o estaqueamento para cada pilar independentemente. Assim sendo, deve-se associar os dois pilares num só bloco e projetar estacas para as cargas $P_1 + P_2$.

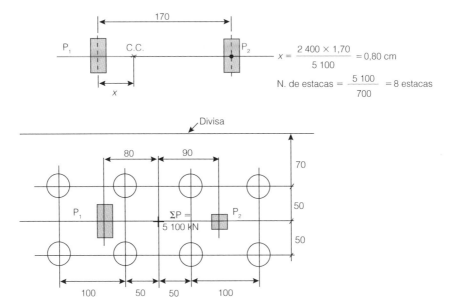

$$x = \frac{2\,400 \times 1{,}70}{5\,100} = 0{,}80 \text{ cm}$$

$$\text{N. de estacas} = \frac{5\,100}{700} = 8 \text{ estacas}$$

2.º Caso: A única diferença entre o 1.º e 2.º casos deste problema é a distância dos pilares à divisa. Assim sendo, o número de estacas a ser usado será o mesmo, ou seja, oito estacas. Entretanto, como a primeira linha de estacas deve ficar a pelo menos 50 cm da divisa, sobra entre esta primeira linha de estacas e o centro de carga uma distância de 80 − 50 = 30 cm. Como a segunda linha de estacas deve ser simétrica desta (em relação ao centro de carga), a distância entre as duas linhas que suportarão as estacas será 2 × 30 = 60 cm. Para se garantir a distância mínima de 100 cm entre estacas, faz-se uma construção geométrica, como se indica a seguir:

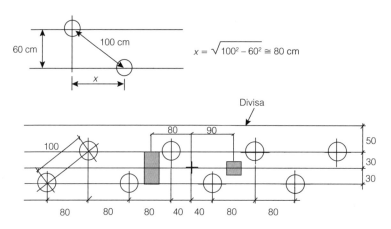

2.º Exercício: Também neste exercício devem-se juntar os dois pilares num único bloco.

$$\Sigma P = 13\,700\,\text{kN} \rightarrow 20 \text{ estacas}$$

$$x_{c.c.} = \frac{7\,700 \times 260}{13\,700} = 146\,\text{cm}$$

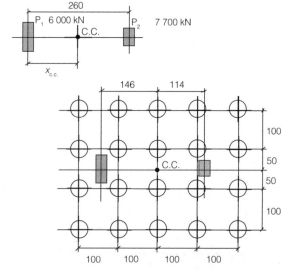

3.º **Exercício:** Sendo o pilar P_1 de divisa com carga de 1 500 kN, serão necessárias três estacas. Colocando essas três estacas em linha, paralela à divisa, fica-se com o seguinte esquema estrutural

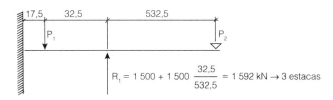

$$R_1 = 1500 + 1500 \frac{32,5}{532,5} = 1592 \text{ kN} \to 3 \text{ estacas}$$

Para o pilar P_2, tem-se: $P_2 = 3550 - \dfrac{1592 - 1500}{2}$, ou seja, seis estacas

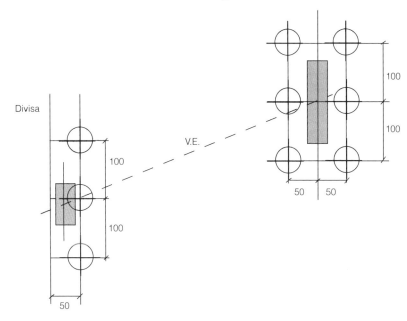

4.º **Exercício:** Projetar o estaqueamento para os pilares P_1 e P_2, sendo dados:
- número máximo de estacas em linha = 3 (para blocos de uma linha de estacas);
- diâmetro de estaca = 50 cm;
- distância mínima entre eixo de estacas = 150 cm;
- distância mínima do eixo de estaca à divisa = 50 cm;
- carga admissível da estaca = 1 000 kN.

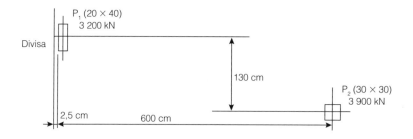

Solução

Como P₁ é de divisa com carga de 3 200 kN, serão necessárias quatro estacas. Entretanto, como só serão permitidas três estacas em linha, deve-se dispor as estacas em duas linhas de duas estacas cada. O centro do estaqueamento estará, portanto, a 1,25 m da divisa, conforme se mostra abaixo:

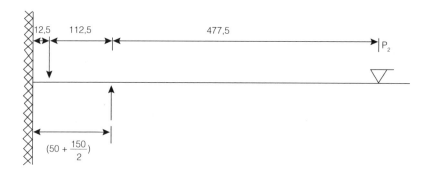

$$R_1 = 3\,200 + 3\,200\frac{112,5}{477,5} \cong 3\,954\,\text{kN} \rightarrow 4\,\text{estacas}$$

Para o pilar P₂, tem-se: $P_2 = 3\,900 - \dfrac{3\,954 - 3\,200}{2} = 3\,523\,\text{kN}$, ou seja, quatro estacas.

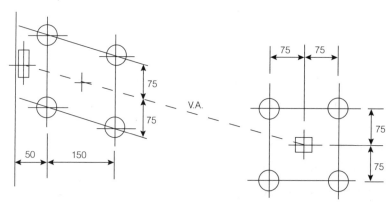

5.º **Exercício:** Mesmo exercício anterior, porém com carga no pilar P_1 de 4 000 kN e a linha ligando P_1 e P_2 horizontal.

Solução

Vê-se que para o pilar P_1 serão necessárias cinco estacas. Admitindo a disposição abaixo, tem-se:

$$e = 50 + \frac{2}{5} 130 - (2,5 + 10) = 89,5 \text{ cm}$$

$$d = 602,5 - \left(50 + \frac{2}{5} 130\right) = 500,5 \text{ cm}$$

$$R_1 = 4\,000 + 4\,000 \frac{89,5}{500,5} = 4\,715 \text{ kN},$$

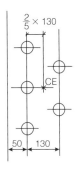

ou seja, cinco estacas.

Para o pilar P_2, tem-se

$$P_2 = 3\,900 - \frac{4\,715 - 4\,000}{2} = 3\,542 \text{ kN},$$

ou seja, quatro estacas.

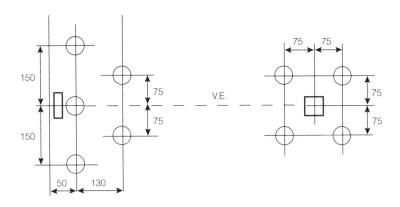

6.º **Exercício:** Projetar o estaqueamento para os pilares P_1 e P_2, adotando estacas do tipo Franki ϕ 52 cm, para carga admissível de 1 300 kN.

A distância entre estacas é de 150 cm e a distância mínima das estacas à divisa é 80 cm.

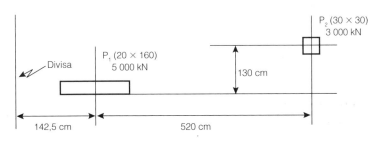

Solução

Verifica-se facilmente que não é possível fazer um bloco padronizado de quatro estacas para o pilar P_1. Entretanto, deve-se procurar um arranjo de estacas que conduza a um bloco isolado, dispensando-se, assim, o uso de viga-alavanca. No desenho abaixo, são apresentadas duas soluções possíveis.

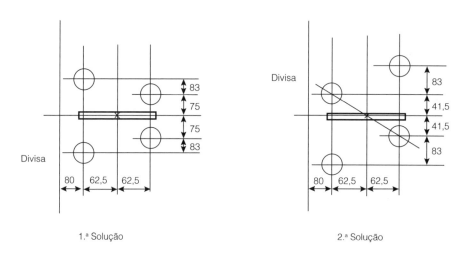

1.ª Solução   2.ª Solução

Para o pilar P_2, adota-se um bloco padronizado de três estacas.

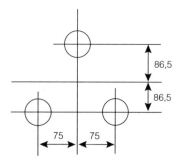

7.º Exercício: Na figura abaixo estão apresentadas algumas partes de um projeto de fundações por estacas pré-moldadas de 40 cm de diâmetro, para 700 kN.

Sabe-se que as distâncias mínimas para projetos com essas estacas são:

a) 50 cm (centro da estaca à divisa);

b) 100 cm (distância entre estacas).

Em função dessas informações, deve-se fazer uma revisão do projeto desses pilares, comentando erros e apresentando qual deve ser a solução correta, desenhando-a:

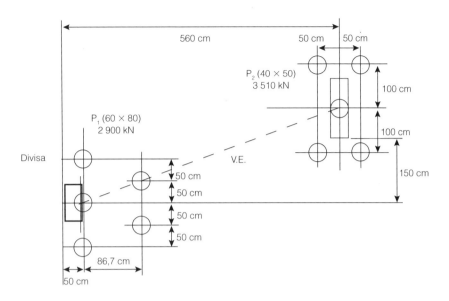

Solução

A quantidade de estaca por pilar está correta, entretanto, o desenho apresenta os seguintes erros:

P_1: O centro do estaqueamento não coincide com o centro de carga da reação.

P_2: A distância de 100 cm é entre estacas, assim sendo, onde aparece a cota de 100 cm, deverá ser 86,7 cm.

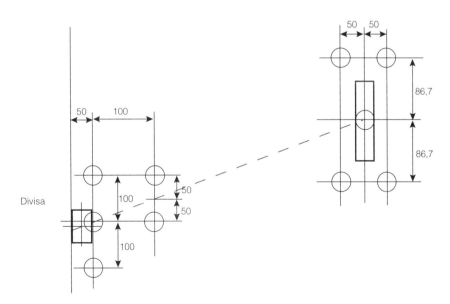

8.º **Exercício**: O pilar P_3 teve sua carga alterada para 4 560 kN, quando já estava executado o estaqueamento dos pilares P_1 e P_2. Como podem ser dispostas as estacas de

P_3, sabendo-se que as mesmas serão do tipo Franki ϕ 52 cm, para carga de 1 300 kN e espaçamento entre as mesmas de 150 cm.

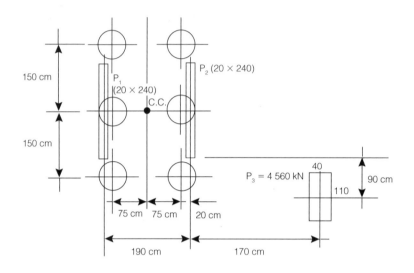

Solução

$$n = \frac{4560}{1300} = 4 \text{ estacas}$$

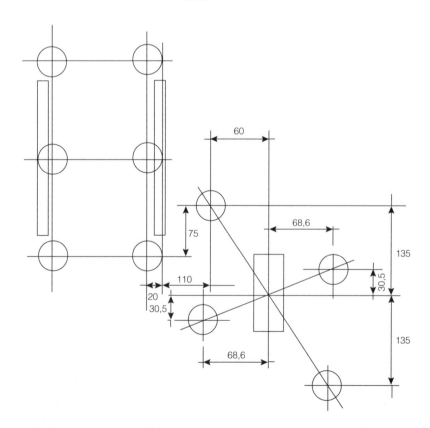

Fundações em estacas

9.º Exercício: Calcular a carga atuante nas estacas do bloco abaixo, sabendo-se que no mesmo atuam as seguintes cargas (consideradas na cota de arrasamento):

N = 2 000 kN (já incluso o peso próprio do bloco)

M_x = – 500 kN · m

M_y = + 400 kN · m

Desprezar o peso próprio do bloco

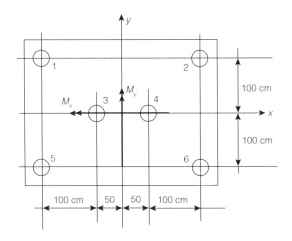

Solução

$$\Sigma x_i^2 = 4 \times 1,5^2 + 2 \times 0,5^2 = 9,5\,\text{m}^2$$
$$\Sigma y_i^2 = 4 \times 1^2 = 4\,\text{m}^2$$

Cargas nas estacas

$$P_i = \frac{N}{n} \pm \frac{M_y x_i}{\Sigma x_i^2} \pm \frac{M_x y_i}{\Sigma y_i^2}$$

$$P_1 = \frac{2000}{6} - \frac{400 \times 1,5}{9,5} + \frac{500 \times 1}{4} = 395\,\text{kN}$$

$$P_2 = \frac{2000}{6} + \frac{400 \times 1,5}{9,5} + \frac{500 \times 1}{4} = 521\,\text{kN}$$

$$P_3 = \frac{2000}{6} - \frac{400 \times 0,5}{9,5} = 312\,\text{kN}$$

$$P_4 = \frac{2000}{6} + \frac{400 \times 0,5}{9,5} = 354\,\text{kN}$$

$$P_5 = \frac{2000}{6} + \frac{400 \times 1,5}{9,5} - \frac{500 \times 1}{4} = 145\,\text{kN}$$

$$P_6 = \frac{2000}{6} + \frac{400 \times 1,5}{9,5} - \frac{500 \times 1}{4} = 271\,\text{kN}$$

10.º Exercício: Projetar a fundação de um bloco sobre estacas metálicas constituídas de perfil CVS 500 × 134 para as seguintes cargas máximas:

Compressão: 1 600 kN

Tração: 50 kN

As cargas atuantes na cota de arrasamento das estacas são:

N = 8 730 kN

M_y = 900 kN · m

M_x = 4 970 kN · m

Solução

O número de estacas deve ser superior a:

$$\frac{8730}{1600} = 6$$

Adotando oito estacas com a disposição abaixo, a verificação do bloco poderá ser feita calculando-se apenas a carga máxima (ou mínima) das estacas mais afastadas (maiores x_i e y_i).

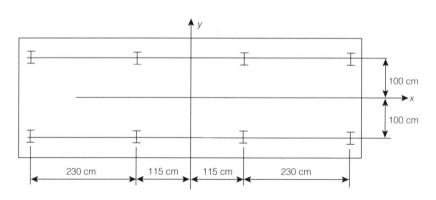

$$\Sigma x_i^2 = 4\left(3,45^2 + 1,15^2\right) = 52,9\,\text{m}^2$$

$$\Sigma y_i^2 = 8 \times 1^2 = 8\,\text{m}^2$$

Carga máxima (compressão)

$$\frac{8730}{8} + \frac{4970 \times 3,45}{52,9} + \frac{900 \times 1}{8} = 1527 < 1600\,\text{kN}$$

Carga mínima

$$\frac{8730}{8} - \frac{4970 \times 3,45}{52,9} - \frac{900 \times 1}{8} = 655\,(\text{compressão})$$

Conclusão: A distribuição de estacas acima indicada é uma solução possível para o problema.

3.3 EXERCÍCIOS PROPOSTOS

1.º Exercício: Projetar a fundação dos pilares abaixo, usando estacas do tipo Franki, com as seguintes características:

- diâmetro = 52 cm;
- carga máxima = 1 300 kN;
- distância entre eixo das estacas = 150 cm;
- distância do eixo da estaca à divisa = 80 cm.

1.º Caso:

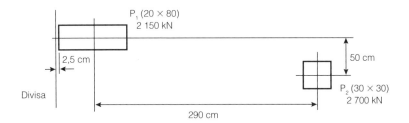

Resposta: P_1 alavanca ao P_2 ($e = 37,5$ cm)
P_1 = 2 estacas
P_2 = 2 estacas

2.º Caso:

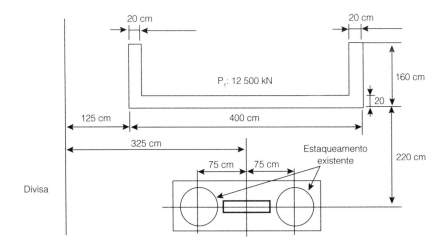

Resposta: Dez estacas com centro do estaqueamento a 43 cm da face inferior do pilar dispostas em três linhas horizontais, espaçadas de 1,30 m, sendo a linha do meio com 4 estacas e as demais com 3 estacas.

3.º Caso:

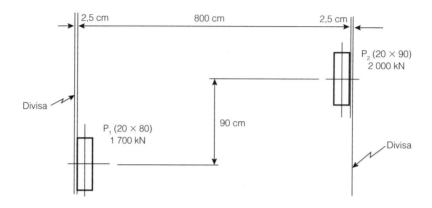

Resposta: Duas estacas para cada pilar (caso análogo ao 16.º Exercício de sapatas e 4.º Exercício de tubulões).

4.º Caso:

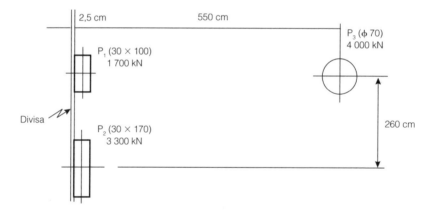

Resposta: a) Traçar uma reta ligando os pilares P_1 e P_2 e calcular o centro de carga desses dois pilares.

b) Determinar a interseção do centro de carga calculado acima com a reta suporte das estacas e que fica a 80 cm da divisa.

c) Calcular a reação (R = 5661 kN).

d) Desenhar cinco estacas em linha e traçar duas vigas de equilíbrio ligando os pilares P_1 e P_2 ao pilar P_3. O desenho ficará com disposição análoga ao da Figura 3.6b.

e) Calcular o alívio no pilar P_3. Para o mesmo serão necessárias três estacas.

2.º **Exercício**: Para o estaqueamento do pilar abaixo foram projetadas quatro estacas pré-moldadas, ϕ 40 cm, cuja distribuição é mostrada na figura. As estacas 1 e 2 já estavam executadas quando, ao se cravar a estaca número 3, ela se partiu. Admitindo-se que a estaca n. 3 partiu a uma profundidade tal que se torna impossível remover o trecho partido, que solução você proporia para o bloco?

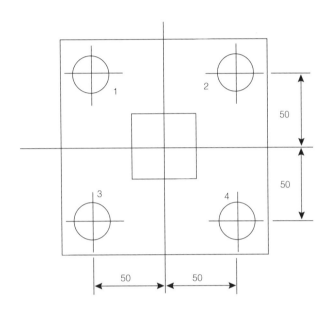

Resposta:

1.ª **Solução**: Abandonar a estaca número 3 (quebrada) e a de número 4 (por cravar), e cravar duas outras estacas, 3A e 4A, na mesma linha que contém as estacas 3 e 4 e equidistantes do centro do pilar.

2.ª **Solução**: Abandonar a estaca número 3 (quebrada) e a de número 2 (já cravada), e cravar a estaca número 4 e duas outras estacas, 2A e 3A, equidistantes do centro do pilar e na mesma linha que contém as estacas 2 e 3.

3.º **Exercício**: Projetar o estaqueamento para o pilar cujas cargas são indicadas abaixo, adotando-se estacas pré-moldadas, ϕ 40 cm, para carga máxima de compressão 700 kN e de tração 60 kN. O espaçamento mínimo entre eixos é de 100 cm.

$N = 2\,100$ kN

$M_x = 1\,830$ kN · m

$M_y = 400$ kN · m

Levar em conta que a carga N já inclui o peso próprio do bloco e considerar as cargas atuando na cota de arrasamento das estacas.

Resposta: 1.ª Solução possível:

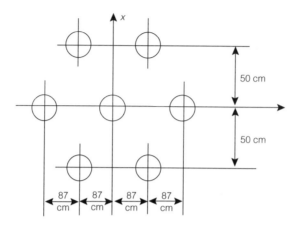

2.ª Solução possível:

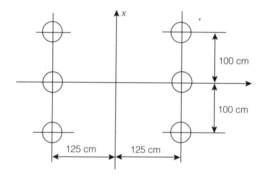

4 CAPACIDADE DE CARGA

4.1 ALGUNS MÉTODOS PARA ESTIMAR A CAPACIDADE DE CARGA

4.1.1 Fundações rasas (sapatas)

1.º Método: Realização de prova de carga sobre placa

Este ensaio procura reproduzir o comportamento da solicitação de uma fundação. O ensaio costuma ser feito empregando-se uma placa rígida de ferro fundido com 80 cm de diâmetro, a qual é carregada por meio de um macaco hidráulico que reage contra uma caixa carregada ou contra um sistema de tirantes (Figura 4.1a e b).

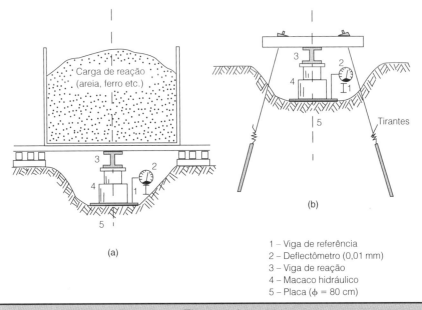

1 – Viga de referência
2 – Deflectômetro (0,01 mm)
3 – Viga de reação
4 – Macaco hidráulico
5 – Placa (ϕ = 80 cm)

Figura 4.1

Com base no valor da tensão aplicada (lida no manômetro acoplado ao macaco hidráulico) e o recalque medido no deflectômetro, é possível traçar a curva tensão x recalque (Figura 4.2).

A tensão na placa é aplicada em estágios, sendo que cada novo estágio só é aplicado após estar estabilizado o recalque do estágio anterior. Deve-se, também, anotar o tempo de início e término de cada estágio. A curva tensão x recalque é obtida ligando-se os pontos estabilizados (linha pontilhada).

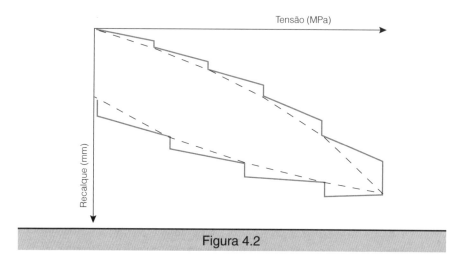

Figura 4.2

Na maioria dos casos, a curva tensão x recalque pode ser representada entre os dois casos extremos indicados na Figura 4.3. Os solos que apresentam curva de ruptura geral, isto é, com uma tensão de ruptura bem definida (σ_R), são solos resistentes (argilas rijas ou areias compactas). Ao contrário, os solos que apresentam curva de ruptura local, isto é, não há uma definição do valor da tensão de ruptura, são solos de baixa resistência (argilas moles ou areias fofas).

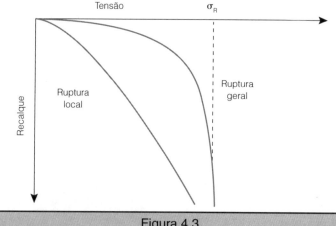

Figura 4.3

Capacidade de carga

A ordem da grandeza de tensão admissível do solo, com base no resultado de uma prova da carga (desprezando-se o efeito de tamanho da sapata), é obtida da seguinte maneira:

Solos com predominância de ruptura geral

$$\sigma_s = \frac{\sigma_R}{2}$$

Solos com predominância de ruptura local

$$\sigma \leq \begin{cases} \dfrac{\sigma_{25}}{2} \\ \sigma_{10} \end{cases}$$

em que σ_{25} é a tensão correspondente a um recalque de 25 mm (ruptura convencional) e σ_{10} é a tensão correspondente a um recalque de 10 mm (limitação de recalque). Para aplicação, ver 6.° *Exercício resolvido*.

Cálculos levando-se em consideração o tamanho da sapata podem ser vistos no item 4.2 da referência 9 (Figura 4.9 e equações 4.3 e 4.4).

É importante, antes de se realizar uma prova de carga, conhecer o perfil geotécnico do solo para evitar interpretações erradas. Assim, se no subsolo existirem camadas compressíveis em profundidades que não sejam solicitadas pelas tensões aplicadas pela fundação (Figura 4.4), a prova de carga não terá qualquer valor para se estimar a tensão admissível da fundação da estrutura, visto que o bulbo de pressões desta é algumas vezes maior que o da placa.

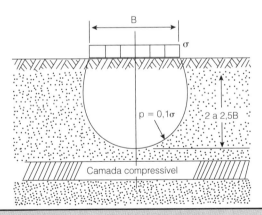

Figura 4.4

2.° Método: Fórmulas teóricas

1.° Caso: Fórmula de Terzaghi

Se o solo apresenta ruptura geral, a tensão de ruptura do mesmo (σ_R) pode ser obtida por

$$\sigma_R = c \cdot N_c \cdot S_c + \frac{1}{2}\gamma B N_\gamma S_\gamma + q \cdot N_q \cdot S_q$$

em que c é a coesão do solo; γ, o peso específico do solo onde se apoia a fundação; B, a menor largura da sapata; q, a tensão efetiva do solo na cota de apoio da fundação; N_c, N_γ e N_q, os fatores de carga (funções de ângulo de atrito interno φ). Seus valores podem ser tirados da Figura 4.5 (linhas cheias); e S_c, S_γ e S_q, os fatores de forma (Tabela 4.1).

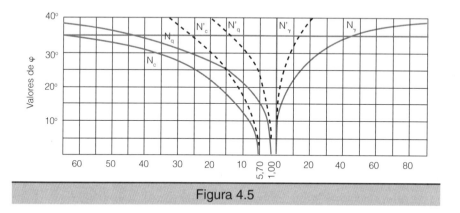

Figura 4.5

Para solos com ruptura local, usa-se a fórmula anterior adotando os fatores N' (linhas pontilhadas da Figura 4.5) no lugar dos fatores N e usando 2/3 da coesão real do solo.

Tabela 4.1

Forma da fundação	Fatores de forma		
	S_c	S_γ	S_q
Corrida	1,0	1,0	1,0
Quadrada	1,3	0,8	1,0
Circular	1,3	0,6	1,0
Retangular	1,1	0,9	1,0

Conhecido o valor de σ_R, a tensão admissível σ_s será dada por:

$$\sigma_s = \frac{\sigma_R}{FS}$$

em que FS é o fator de segurança, geralmente adotado igual a 3.

Para aplicação, ver 1.º, 2.º e 5.º *Exercícios resolvidos.*

Quando não se dispõem de ensaios de laboratório em que constem c e φ, podem-se em primeira aproximação, estimar esses valores por meio das Tabelas 4.2 e 4.3.

Tabela 4.2

Argilas	Standard Penetration Test (SPT)	Coesão c (kPa)
Muito mole	< 2	< 10
Mole	2 a 4	10 a 25
Média	4 a 8	25 a 50
Rija	8 a 15	50 a 100
Muito rija	15 a 30	100 a 200
Dura	> 30	> 200

Tabela 4.3

Areia	Densidade relativa (Dr)	Standard Penetration Test (SPT)	φ (°)
Fofa	< 0,2	< 4	< 30
Pouco compacta	0,2 a 0,4	4 a 10	30 a 35
Medianamente compacta	0,4 a 0,6	10 a 30	35 a 40
Compacta	0,6 a 0,8	30 a 50	40 a 45
Muito compacta	> 0,8	> 50	> 45

2.º Caso: Fórmula de Skempton

Esta fórmula só é válida para solos puramente coesivos ($\varphi = 0$).

$$\sigma_R = c \cdot N_c + q$$

Em que c é a coesão do solo; N_c, o coeficiente de capacidade de carga (Tabela 4.4); e q, a pressão efetiva do solo na cota de apoio da fundação.

Tabela 4.4

D/B	Valor de Nc	
	Quadrado, circular	Corrida
0	6,2	5,14
0,25	6,7	5,6
0,5	7,1	5,9
0,75	7,4	6,2
1,0	7,7	6,4
1,5	8,1	6,5
2,0	8,4	7,0
2,5	8,6	7,2
3,0	8,8	7,4
4,0	9,0	7,5
> 4,0	9,0	7,5

O valor de D, (Tabela 4.4) corresponde ao valor do "embutimento" da fundação na camada de argila (Figura 4.6).

Para sapata retangular (lados A × B)

$$\sigma_R = cN_c^* S_c dc + q$$

em que $N_c^* = 5$

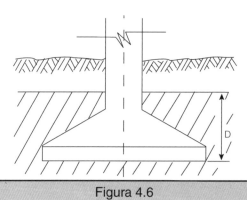

Figura 4.6

$$S_c = 1 + 0{,}2\frac{B}{A}$$

$$dc = \begin{cases} 1 + 0{,}2\dfrac{D}{B} & \text{para } D/B \le 2{,}5 \\ 1{,}5 & \text{para } D/B > 2{,}5 \end{cases}$$

Conhecido o valor de σ_R, a tensão admissível será obtida por

$$\sigma_s = \frac{cN_c}{FS} + q \quad \text{(sapatas quadradas, circulares e corridas)}$$

$$\sigma_s = \frac{cN_c^* S_c dc}{FS} + q \quad \text{(sapatas retangulares)}$$

Também aqui o valor de FS é adotado, geralmente igual a 3. É importante observar que não se aplica fator de segurança ao valor de q.

Para aplicação, ver 3.º, 4.º e 5.º *Exercícios resolvidos*.

3.º **Método:** Com base nos ensaios de laboratório (argilas), pode-se adotar como tensão admissível do solo o valor da tensão de pré-adensamemo (pa)

$$\sigma_s \cong pa$$

4.º **Método:** Com base no valor médio do SPT (na profundidade de ordem de grandeza igual a duas vezes a largura estimada para a fundação, contando a partir da cota de apoio), pode-se obter a tensão admissível por

$$\sigma_s \cong \frac{SPT(\text{médio})}{50}(MPa)$$

A fórmula acima vale para valores de SPT $\leqslant 20$.

Para aplicação, ver 7.º *Exercício resolvido*.

4.1.2 Tubulões

Como já se viu no Capítulo 2, os tubulões são fundações profundas em que se despreza a carga proveniente do atrito lateral. Assim, o dimensionamento da base é feito de maneira análoga àquele para as sapatas. Como este tipo de fundação é usado, geralmente, para grandes cargas, dificilmente se fazem provas de carga sobre os mesmos (problemas de custo). Assim, os métodos normalmente usados para se estimar a taxa do solo neste tipo de fundação são os seguintes:

1.º **Método:** Fórmula de Terzaghi ou de Skempton, analogamente ao que foi exposto para sapatas.

2.º **Método:** Com base nos ensaios de laboratório (argilas), ou seja,

$$\sigma_s \cong pa$$

3.º **Método:** Com base no valor médio do SPT (na profundidade da ordem de grandeza igual a duas vezes o diâmetro da base, a partir da cota de apoio da mesma).

$$\sigma_s \cong \frac{\text{SPT}(\text{médio})}{30}(\text{MPa})$$

Esta fórmula aplica-se para SPT $\leqslant$ 20 e devem ser acertados os valores fora da média.

4.1.3 Estacas

As cargas indicadas na Tabela 3.1 são as cargas máximas que podem ser adotadas para as estacas. Por essa razão, deverá ser feito o cálculo da capacidade de carga geotécnica (ver 9° exercício).

1.° Método: Realização de prova de carga

Nas estacas, já é mais comum o uso de prova de carga para se estimar a capacidade de carga. A interpretação da prova de carga deve ser feita de acordo com os itens 8.2.1.1 da NBR 6122:2010.

Para aplicação, ver 8.° *Exercício resolvido*.

2.° Método: Método semiempírico (fórmulas estáticas)

Normalmente, a estimativa da capacidade de carga de uma estaca, com base em métodos análogos ao de Terzaghi, não conduz a resultados satisfatórios por causa dos seguintes fatores:

1. Impossibilidade prática de conhecer, com certeza, o estado de tensões do terreno em repouso e estabelecer com precisão as condições de drenagem que definem o comportamento de cada uma das camadas que compõem o perfil atravessado pela estaca e aquela do solo onde se apoia sua ponta.

2. A dificuldade que existe para determinar com exatidão a resistência ao cisalhamento dos solos que interessam a fundação.

3. A influência que o método executivo da estaca exerce sobre o estado de solicitação e sobre as propriedades do solo, em particular sobre sua resistência nas vizinhanças imediatas da estaca.

4. A falta de simultaneidade no desenvolvimento proporcional da resistência de atrito e de ponta. Em geral, a resistência por atrito se esgota muito antes de a resistência de ponta chegar ao valor máximo.

5. Heterogenidade do subsolo onde se cravam as estacas.

6. Presença de fatores externos ou internos que modificam o movimento relativo entre o solo e estaca.

Pelas razões expostas é que as fórmulas empíricas são de uso mais corrente. No presente capítulo, serão expostos os métodos de Aoki e Velloso (1975) e de Decourt e Quaresma (1978), este reapresentado em 1982 e 1987 por Decourt. Em ambos os métodos, a carga de ruptura PR de uma estaca isolada é igual à soma de duas parcelas (Figura 4.7).

PR = PL + PP = Carga na ruptura.

PL = $U\Sigma\Delta\ell \times r_\ell$ = Parcela de atrito lateral ao longo do fuste.

PR = $A \cdot rp$ = Parcela de ponta.

U = Perímetro da seção transversal do fuste.

A = Área da projeção da ponta da estaca. No caso de estacas tipo Franki, assimilar o volume da base alargada a uma esfera e calcular a área da seção transversal.

$\Delta\ell$ = Trecho onde se admite r_ℓ constante.

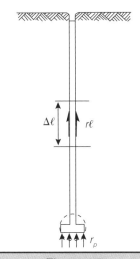

Figura 4.7

A diferença entre os dois métodos está na estimativa dos valor de r_ℓ e de r_p. Segundo Aoki e Velloso

$$r_p = \frac{K.N}{F_1}$$

$$r_\ell = \frac{\alpha.K.N}{F_2}$$

N = valor do SPT;

α e K = são apresentados na Tabela 4.6 e F_1 e F_2 na Tabela 4.5.

Nota: Os valores de: α e K para os solos da cidade de São Paulo foram pesquisados pelo Autor e seus valores estão indicados na Tabela 4.7.

Exercícios de fundações

Tabela 4.5

Tipos de estacas	F_1	F_2
Franki	2,5	5,0
Pré-moldadas	1,75	3,5
Escavadas	3,0	6,0

Tabela 4.6 Valores coeficientes K e α propostos por Aoki e Velloso

Tipo de terreno	K (MPa)	α (%)
Areia	1,00	1,4
Areia siltosa	0,80	2,0
Areia silto-argilosa	0,70	2,4
Areia argilosa	0,60	3,0
Areia argilo-siltosa	0,50	2,8
Silte	0,40	3,0
Silte arenoso	0,55	2,2
Silte areno-argiloso	0,45	2,8
Silte argiloso	0,23	3,4
Silte argilo-arenoso	0,25	3,0
Argila	0,20	6,0
Argila arenosa	0,35	2,4
Argila areno-siltosa	0,30	2,8
Argila siltosa	0,22	4,0
Argila silto-arenosa	0,33	3,0

Segundo Decourt

$$r_{\ell(\text{em kPa})} = 10\left(\frac{N}{3} + 1\right).$$

não se adotando valores de N inferiores a 3 nem superiores a 50.

$$r_p = C\overline{N}$$

em que

C = 120 kPa, para as argilas	(100 kPa)
200 kPa, para os siltes argilosos	(120 kPa)
250 kPa, para os siltes arenosos	(140 kPa)
400 kPa, para as areias	(200 kPa)

Os valores entre parêntesis referem-se às estacas escavadas.

$\overline{N}$ = média entre os SPT' na ponta da estaca e o imediatamente acima e abaixo.

Capacidade de carga   107

Tabela 4.7 Valores dos coeficientes k e *x* propostos por Alonso para a cidade de São Paulo

Região n.	Descrição do solo encontrado	Valores de K (MPa)			Valores de x (%)		
		Valores com 80% de confiança	Valor mais provável	Valor proposto po Aoki e Velloso	Valores com 80% de confiança	Valor mais provável	Valor proposto po Aoki e Velloso
1	Silte arenoso pouco argiloso (residual)	0,22 a 0,41	0,31	0,45	2,0 a 4,0	3,1	2,8
2	Silte arenoso pouco argiloso (residual)	0,24 a 0,46	0,34	0,45	2,1 a 2,8	2,5	2,8
	Argila siltosa pouco arenosa	0,19 a 0,48	0,33	0,33	1,3 a 3,0	2,4	3,0
3	Areia argilosa	0,50 a 1,46	0,94	0,60	0,9 a 3,0	2,0	3,0
	Areia pouco argilosa pouco siltosa	0,44 a 0,87	0,60	0,50	–	–	–
	Silte argiloso arenoso (residual)	0,20 a 0,49	0,33	0,25	2,0 a 5,0	3,0	3,0
	Areia argilosa	0,38 a 0,85	0,56	0,60	–	–	–
	Areia fina argilosa pouco siltosa	0,43 a 0,87	0,64	0,50	0,8 a 2,0	1,4	2,8
	Silte arenoso (residual)	0,35 a 0,65	0,52	0,55	1,0 a 2,0	1,3	2,2
4	Silte pouco arenoso pouco argiloso (res.)	0,16 a 0,46	0,26	0,45	2,3 a 4,4	3,2	2,8
	Silte pouco argiloso pouco arenoso (res.)	0,17 a 0,84	0,50	0,25	–	–	–
	Argila arenosa	0,17 a 0,41	0,27	0,35	1,4 a 4,5	2,9	2,4
	Argila siltosa (residual)	0,49 a 1,03	0,72	0,22	1,5 a 4,4	2,7	4,0
	Argila siltosa pouco arenosa	0,16 a 0,53	0,28	0,33	1,2 a 4,0	2,3	3,0
5	Areia argilosa siltosa	0,25 a 0,99	0,61	0,50	1,1 a 3,0	2,2	2,8
	Argilosa siltosa arenosa	0,20 a 0,55	0,35	0,33	–	–	–
6	Silte argiloso com areia fina	0,14 a 0,35	0,21	0,25	–	–	–
	Areia argilosa pouco siltosa	0,22 a 0,66	0,38	0,50	–	–	–
7	Silte arenoso pouco argiloso (residual)	0,23 a 0,56	0,33	0,45	2,0 a 4,0	3,0	2,8

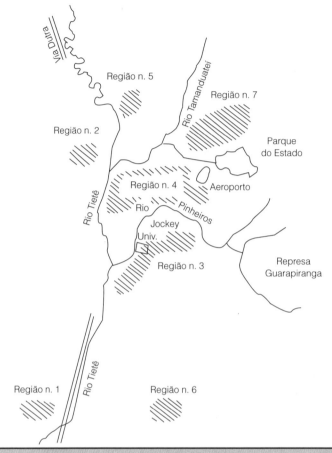

Figura 4.8

Conhecida a carga de ruptura PR, a carga admissível da estaca será:

a) Para estacas Franki, pré-moldadas ou metálicas

$$P \leq \begin{cases} \dfrac{PR}{2} \\ \text{carga admissível estrutural} \end{cases}$$

b) Para estacas escavadas com a ponta em solo

$$P \leq \begin{cases} \dfrac{PR}{2} \\ PL \text{ se houver garantia de limpeza de ponta} \\ \text{carga admissível estrutural} \end{cases}$$

Para aplicação, ver 9.º *Exercício resolvido.*

4.2 EXERCÍCIOS RESOLVIDOS

1.º Exercício: Determinar o diâmetro da sapata circular abaixo usando a teoria de Terzaghi com FS = 3. Admitir que a carga P já inclui o peso próprio da sapata e o solo sobre ela.

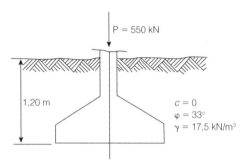

Solução

$$\sigma_R = 1{,}3c N_c + \frac{0{,}6}{2}\gamma D N_\gamma + q N_q$$

Como:

$$\sigma_s = \frac{\sigma_R}{3} \therefore \sigma_R = 3\sigma_s$$

$$c = 0 \rightarrow 1{,}3cN_c = 0$$

$$\varphi = 33{.}° \rightarrow \begin{cases} N_\gamma \cong 30 \\ N_q \cong 35 \end{cases}$$

Então:

$$3\sigma_s = 0 + 0{,}3 \times 17{,}5 \times D \times 30 + 1{,}2 \times 17{,}5 \times 35 \therefore$$

$$\therefore \sigma_s = 52{,}5 D + 245$$

Por outro lado, $\sigma_s = \dfrac{P}{A} = \dfrac{4 \times 550}{\pi D^2} \cong \dfrac{700}{D^2}$

Portanto: $\dfrac{700}{D^2} = 52{,}5 D + 245$ ou $52{,}5 D^3 + 245 D^2 - 700 = 0$

A solução desta equação é obtida por tentativas. O valor de D que atende a equação é D ≅ 1,50 m.

2.º Exercício: Uma sapata corrida com 8,5 m de largura está apoiada a 3 m de profundidade, num solo constituído por argila mole saturada ($\gamma = 17$ kN/m³).

Estando o nível de água (N.A.) a 2,45 m de profundidade, pode-se estimar a tensão admissível com base na fórmula de Terzaghi nas seguintes condições:

110 *Exercícios de fundações*

a) A carga é aplicada de maneira rápida, de modo que as condições não drenadas prevalecem.

b) A carga é aplicada de maneira lenta para que não haja acréscimo de pressão neutra no solo.

Características da argila mole: ensaio rápido (não adensado, não drenado):

$$c = 24\,\text{kPa}$$

Ensaio lento (adensado, drenado):

$$S = 4 + \overline{\sigma}\,\text{tg}\,23^\circ(\text{kPa})$$

Adotar γ sub $= 7\,\text{kN/m}^3$ e FS $= 3$.

Solução

Como o solo é constituído por argila mole, o mesmo apresentará ruptura do tipo local, isto é, devem-se adotar os valores de N' e $2/3\,c$.

$$\text{Condição } a:\ \varphi = 0 \rightarrow \begin{cases} N_c' = 5,7 \\ N_\gamma' = 0 \\ N_q' = 1,0 \end{cases}$$

$$\sigma_R = \frac{2}{3} \times 24 \times 5,7 + 0 + 2,45 \times 17 + 0,55 \times 7 \therefore$$

$$\sigma_R \cong 137\,\text{kN/m}^2$$

$$\sigma_s = \frac{137}{3} \cong 46\,\text{kPa}$$

$$\text{Condição } b:\ \varphi = 23^\circ \rightarrow \begin{cases} N_c' \cong 13 \\ N_\gamma' \cong 2,5 \\ N_q' \cong 5 \end{cases}$$

$$\sigma_R = \frac{2}{3} \times 4 \times 13 + \frac{1}{3} \times 7 \times 8,5 \times 2,5 + (2,45 \times 17 + 0,55 \times 7) \times 5 \therefore$$

$$\sigma_R \cong 337\,\text{kN/m}^2$$

$$\sigma_s = \frac{337}{3} \cong 112\,\text{kPa}$$

3.º Exercício: Usando a teoria de Skempton, com FS $= 3$, determinar o lado da sapata quadrada a seguir.

Como $N_c = f\left(\dfrac{D}{B}\right)$ não são conhecidos, o problema só poderá ser resolvido por tentativas.

Capacidade de carga

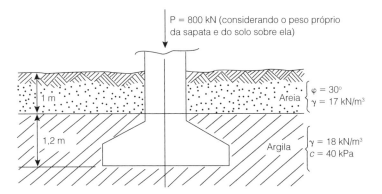

1.ª Tentativa: Adotando B = 3 m

$$\frac{D}{B} = \frac{1,2}{3} = 0,4 \, Nc \cong 7$$

$$\sigma_s = \frac{40 \times 7}{3} + 1 \times 17 + 1,2 \times 18 \cong 132 \, kPa$$

Verificação:

$$\sigma_{aplicado} = \frac{P}{A} = \frac{800}{3 \times 3} \cong 89 \, kPa$$

Como a tensão aplicada pela sapata é menor que a tensão admissível do solo, pode-se diminuir o lado da sapata, a fim de torná-la mais econômica.

2.ª Tentativa: B = 2,5 → $\frac{D}{B} = \frac{1,2}{2,5} = 0,48$

$$N_c \cong 7,1$$

$$\sigma_s = \frac{40 \times 7,1}{3} + 1 \times 17 + 1,2 \times 18 \cong 133 \, kN$$

Verificação:

$$\sigma_{aplicado} = \frac{800}{2,5 \times 2,5} = 128 \, kPa$$

Como a tensão aplicada pela sapata é da mesma ordem de grandeza da tensão admissível, o valor B = 2,5 m pode ser considerado como solução.

4.º Exercício: Dado o perfil abaixo, calcular a tensão admissível de uma sapata quadrada de lado 2 m, apoiada na cota –2,5 m, usando a fórmula de Skempton com FS = 3.

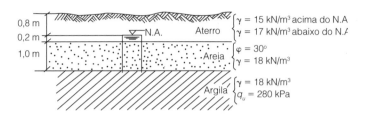

Solução

$$\frac{D}{B} = \frac{0,5}{2} = 0,25 \to Nc = 6,7$$

$$q = 0,8 \times 15 + 0,2 \times 17 + 1 \times 18 + 0,5 \times$$
$$\times 18 - 1,7 \times 10 = 25,4\,\text{kPa}$$

$$c = \frac{qu}{2} = 140\,\text{kN/m}^2$$

$$\sigma_s = \frac{140 \times 6,7}{3} + 25,4 = 338\,\text{kPa} \quad \text{ou } 0,34\,\text{MPa}$$

5.º **Exercício**: Calcular o fator de segurança da sapata quadrada de lado 2 m, indicada abaixo, usando as teorias de Terzaghi e Skempton. Na carga P está incluso o peso próprio da sapata e do solo sobre ela.

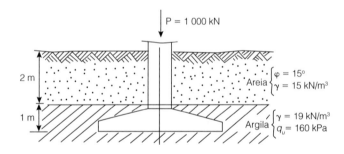

Solução

$$\sigma = \frac{1000}{2 \times 2} = 250\,\text{kN/m}^2$$

$$q = 2 \times 15 + 1 \times 19 = 49\,\text{kN/m}^2$$

$$c = \frac{qu}{2} = 80\,\text{kN/m}^2$$

a) Teoria de Terzaghi: $\varphi = 0 \to N_c = 5,7$

$$N = 0$$

$$N_q = 1$$

$$\sigma_R = 80 \times 5,7 \times 1,3 + 0 + 49 \times 1 = 642\,\text{kN/m}^2$$

$$FS = \frac{642}{250} = 2,6$$

b) Teoria de Skempton: $\dfrac{D}{B} = \dfrac{1}{2} = 0,5 \to Nc = 7,1$

$$250 = \dfrac{80 \times 7,1}{FS} + 49 \therefore FS = 2,8$$

6.º Exercício: Estimar a tensão admissível de uma fundação direta a partir do resultado de uma prova de carga sobre placa, cujo resultado está apresentado ao lado. Desprezar o efeito do tamanho da fundação.

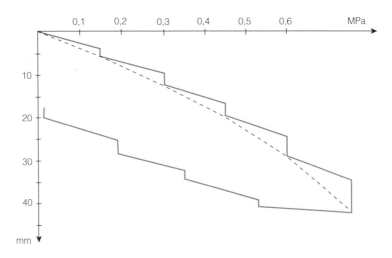

Solução

Inicialmente, deve-se traçar a curva unindo os pontos estabilizados (linha tracejada).

$$\sigma_{10} \cong 0,2\,\text{MPa}$$
$$\sigma_{25} \cong 0,5\,\text{MPa} \qquad \therefore$$
$$\dfrac{\sigma_{25}}{2} \cong 0,25\,\text{MPa}$$

$$\sigma_s \leq \begin{cases} \dfrac{\sigma_{25}}{2} \\ \sigma_{10} \end{cases}$$

Resposta: $\sigma = 0,2$ MPa.

Nota: Neste exercício, não foi considerado o efeito escala quando a fundação tem dimensões maiores que a placa. Cálculos considerando o efeito de escala podem ser vistos no item 4.2 da referência 9.

7.º Exercício: Para a construção de um edifício de dez andares, foram realizadas sondagens a percussão SPT, cuja sondagem representativa está apresentada abaixo.

Admitindo que a carga média de um edifício de concreto seja da ordem de 12 kPa por andar e que a área de influência de cada pilar seja da ordem de 4 m, indicar qual será a tensão admissível do solo para fundações rasas apoiadas na cota –2 m.

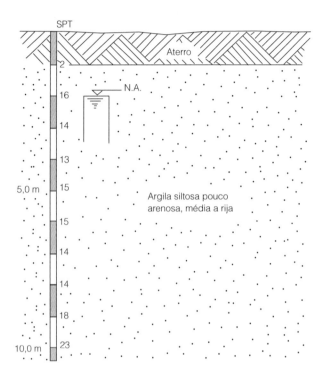

Solução

Estimativa da carga por pilar

$$P = 12 \text{ kPa} \times 10 \text{ andares} \times 4 \text{ m} \times 4 \text{ m} = 1\,920 \text{ kN}$$

Conhecida a carga do pilar, há necessidade de investigar a taxa do solo, adotando o valor médio do SPT numa profundidade da ordem de duas vezes a largura da sapata (valor também desconhecido).

Da inspeção do resultado de sondagem, o valor médio do SPT a partir da profundidade –2,0 m é da ordem de 15, ou seja,

$$\sigma_s = \frac{15}{50} = 0,3 \text{ MPa}$$

A área da sapata seria então $A = \frac{1920}{300} = 6,4 \text{ m}^2$, ou seja, $B \cong 2,5$ m e, portanto, 2B ≅ 5 m. Como pode ser visto na sondagem, até a profundidade (5 + 2) = 7 m vale a média de SPT = 15, portanto o valor $\sigma_s = 0,3$ MPa é a resposta.

8.º **Exercício:** Com os dados abaixo, verificar se o projeto de estaqueamento para o pilar P_1 está correto. Caso esteja errado, retificá-lo, admitindo que as estacas são pré-moldadas do concreto.

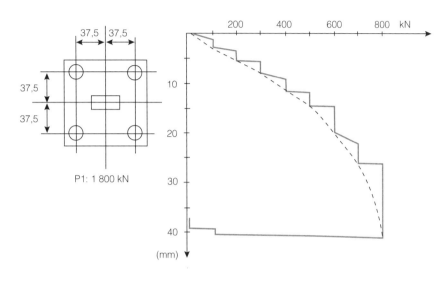

Solução

Inicialmente, traça-se a curva ligando os pontos estabilizados (linha pontilhada).

$PR \cong 800$ kN

Carga admissível $P = \left\{ \dfrac{800}{2} = 400 \text{ kN} \right.$

Conclusão: A carga admissível será 400 kN.
Quantidade de estacas necessárias para o pilar $\dfrac{1800}{400} = 5$ estacas.
Portanto, o estaqueamento indicado está errado.

Solução

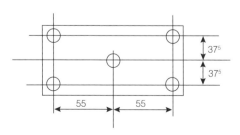

9.º Exercício: Utilizando o método do Aoki e Velloso, calcular a carga admissível de uma estaca do tipo Franki, com diâmetro do fuste φ = 40 cm e volume da base V = 180 ℓ. O comprimento da estaca e as características geotécnicas do solo são dados a seguir.

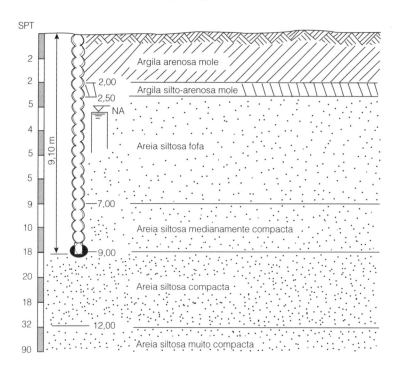

Solução

Perímetro da estaca: U = π × 0,4 = 1,26 m

Raio da esfera correspondente ao volume da base:

$$\frac{4}{3}\pi R^3 = 0,18 \therefore R \cong 0,35\,m$$

Área da base: A = π × 0,35² = 0,38 m²

| Tabela 4.8 Cálculo de PL (kN) ||||||||
ℓ (m)	N (médio)	K (MPa)	α %	R_p = kN (kPa)	$R_\ell = \alpha$ kN (kPa)	$\dfrac{R_\ell}{F_2}$ (kPa)	$\dfrac{U \times \Delta_\ell \times R_\ell}{F_2}$ (kN)
2,00	2	0,35	2,4	700	16,8	3,36	8,5
0,50	2	0,33	3,0	660	19,8	3,96	2,5
4,50	5	0,80	2,0	4 000	80,0	16,0	90,7
2,00	10	0,80	2,0	8 000	160,0	32,0	80,6
0,10	18	0,80	2,0	14 400	288,0	57,6	7,3
						PL (kN)	189,6

Seja PL ≅ 190 kN

Cálculo de PP (kN)

$$r_p = \frac{K.N}{FI} = \frac{0,8 \times 18}{2,5} = 5,8\,\text{MPa} \quad \text{ou } 5\,800\,\text{kPa}$$

$$PP = 0,38 \times 5\,800 = 2\,200\,\text{kN}$$

Cálculo da carga de ruptura PR = PL + PP = 190 + 2 200 = 2 390 kN

Cálculo da carga admissível

$$\overline{P} = \frac{PR}{2} = \frac{2390}{2} = 1195\,\text{kN}$$

Como este valor é maior que o indicado na Tabela 3.1, adotar-se-á para carga admissível $\overline{P} = 750\,\text{kN}$.

4.3 EXERCÍCIOS PROPOSTOS

1.º Exercício: Com base no perfil geotécnico indicado abaixo e usando a teoria de Terzaghi com FS = 3, pede-se verificar se é possível utilizar fundações rasas apoiadas na cota –3,00 m. Adotar como carga média nos pilares 6 000 kN e área de influência dos mesmos igual a 30 m².

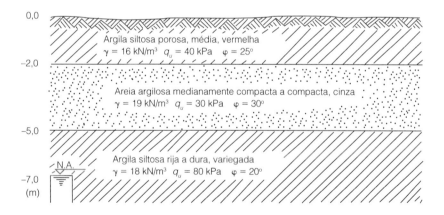

Resposta: Adotando sapata quadrada ($a \cong 2,75$ m), obtém-se $\sigma_R \cong 1\,735$ kPa, ou seja, FS > 3, portanto atendendo ao fator de segurança mínimo.

2.º Exercício: Deseja-se executar uma sapata quadrada apoiada na cota –3,50 m do solo cujo perfil é indicado a seguir. Qual deverá ser o lado dessa sapata de modo que, utilizando-se a fórmula de Skempton, a taxa aplicada ao solo, com coeficiente de segurança à ruptura igual a 3, seja 0,4 MPa?

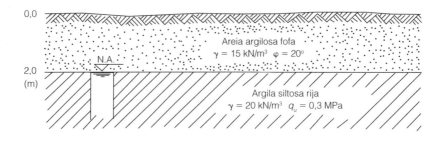

Resposta: B = 3 m.

3.º **Exercício**: Com os dados abaixo, calcular a carga admissível de uma estaca pré-moldada com diâmetro $\phi = 40$ cm, usando o método de Aoki e Velloso.

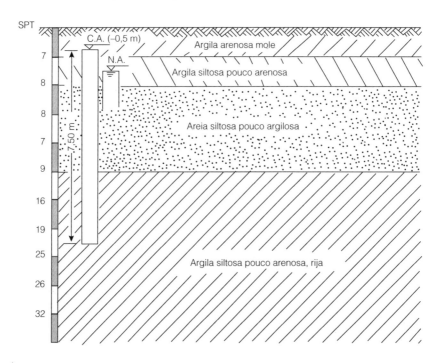

Resposta: $\overline{P} = 475$ kN.

4.º **Exercício**: Usando o método de Aoki e Velloso, calcular a carga admissível de uma estaca escavada com diâmetro $\phi = 100$ cm, arrasada na cota –0,50 m e com 9,5 m de comprimento, usando o perfil geotécnico do exercício anterior.

Resposta: $\overline{P} = 1230$ kN.

5 ESCOLHA DO TIPO DE FUNDAÇÃO

5.1 PROCEDIMENTO GERAL A SER ADOTADO

A escolha de uma fundação para uma determinada construção só deve ser feita após constatar que a mesma satisfaz as condições técnicas e econômicas da obra em apreço. Para tanto, devem ser conhecidos os seguintes elementos:

a) proximidade dos edifícios limítrofes, bem como seu tipo de fundação e estado da mesma;
b) natureza e características do subsolo no local da obra;
c) grandeza das cargas a serem transmitidas à fundação;
d) limitação dos tipos de fundações existentes no mercado.

O problema é resolvido por eliminação, escolhendo-se, entre os tipos de fundação existentes, aqueles que satisfaçam tecnicamente ao caso em questão. A seguir, é feito um estudo comparativo de custos dos diversos tipos selecionados, visando, com isso, escolher o mais econômico.

Quando não se dispõe do cálculo estrutural, é comum estimar a ordem de grandeza das cargas da fundação a partir do porte da obra. Assim, para estruturas em concreto armado destinadas a moradias ou escritórios, pode-se adotar a carga média de 12 kPa/andar.

5.2 FUNDAÇÕES A SEREM PESQUISADAS

No mínimo, são as seguintes as fundações a serem pesquisadas:

Nota: Por este livro ter sido escrito em 1983, época na qual não eram executadas entre nós as estacas raiz e hélice contínua, esses tipos de estacas não estão contempladas aqui. Do ponto de vista da execução, essas estacas não causam vibrações durante sua execução.

5.2.1 Fundação rasa

É o primeiro tipo de fundação a ser pesquisada. A ordem de grandeza da taxa admissível é obtida por:

120   *Exercícios de fundações*

σ_s = pa (pressão de pré-adensamento de solos predominantemente argilosos);

$\sigma_s = \dfrac{(\text{SPT})_{médio}}{50}$ para solos com SPT $\leqslant$ 20.

Em princípio, este tipo de fundação só é vantajoso quando a área ocupada pela fundação abranger, no máximo, de 50% a 70%, da área disponível.

De uma maneira geral, esse tipo de fundação não deve ser usado nos seguintes casos:

- ◼ aterro não compactado;
- ◼ argila mole;
- ◼ areia fofa e muito fofa;
- ◼ existência de água onde o rebaixamemo do lençol freático não se justifica economicamente.

5.2.2 Fundação em estacas

5.2.2.1 Brocas

Essas estacas são aceitáveis para pequenas cargas (de 50 kN a 100 kN), mesmo assim acima do nível da água. São de diâmetro variável, entre 15 e 25 cm, e comprimento em torno de 3 m.

5.2.2.2 Strauss

Essas estacas abrangem a faixa de carga compreendida entre 200 kN e 800 kN. Apresentam a vantagem de não provocar vibrações, evitando, desse modo, danos às construções vizinhas, mesmo nos casos em que estas se encontrem em situação relativamente precária. Quando executadas uma ao lado da outra (estacas justapostas), podem servir de cortina de contenção para a execução de subsolos (desde que devidamente armadas).

Não se recomenda executar esse tipo de estaca abaixo do nível da água, principalmente se o solo for arenoso, visto que se pode tornar inviável "secar" a água dentro do tubo e, portanto, impedir a concretagem (que deve ser feita sempre a seco). Também no caso de argilas moles saturadas, não se recomenda esse tipo de estaca por causa de risco de "estrangulamento" do fuste durante a concretagem.

5.2.2.3 Pré-molduras de concreto

A faixa de carga dessas estacas é de 200 kN a 1 500 kN. Normalmente, não se recomendam essas estacas nos seguintes casos:

- ◼ Terrenos com presença de matacões ou camadas de pedregulhos.
- ◼ Terrenos em que a previsão da cota de ponta da estaca seja muito variável, de modo que não seja possível selecionar regiões de comprimento constante (por exemplo, no caso de solos residuais, com a matriz próxima da região da ponta da estaca).

Escolha do tipo de fundação

- Caso em que as construções vizinhas se encontrem em estado "precário", quando as vibrações causadas pela cravação dessas estacas possam criar problemas.

5.2.2.4 *Franki*

Essas estacas abrangem a mesma faixa de carga das pré-moldadas (de 550 kN a 1 700 kN), porém seu processo executivo (cravação de um tubo com a ponta fechada e execução de base alargada) causa muita vibração. Não se recomendam essas estacas nos seguintes casos:

- Terrenos com matacões.
- Caso em que as construções vizinhas estejam em estado "precário".
- Terrenos com camadas de argila mole saturada (problema de estrangulamento de fuste analogamente ao que ocorre com estacas Strauss). Um recurso que normalmente é empregado, quando se tenta fazer esse tipo de estacas nesses terrenos, é reforçar a armadura longitudinal ou, às vezes, reforçar a própria argila mole com uso de areia, cravando-se o tubo, que, a seguir, é cheio de areia, e arrancando o mesmo. A seguir, recrava-se o tubo (com a bucha refeita). A adição de areia a argila mole pode ser feita mais de uma vez. Ultimamente, está sendo introduzido no país um outro processo executivo que pode ser usado também como recurso para concretagem em argilas moles. O mesmo consiste em preencher totalmente o tubo de concreto plástico e, a seguir, remove-lo com auxílio de martelo vibratório (estacas com fuste vibrado).

Ao contrário das estacas pré-moldadas, essas estacas são recomendadas para o caso de a camada resistente encontrar-se a profundidades variáveis. Também no caso de terrenos com pedregulhos ou pequenos matacões relativamente dispersos, pode-se utilizar esse tipo de estacas.

5.2.2.5 *Metálicas*

Essas estacas são constituídas de perfis metálicos simples ou compostos, tubos ou trilhos. Sua faixa de carga varia de 400 kN a 3 000 kN. Embora atualmente seja o tipo de estaca mais cara, por unidade de carga, a mesma pode ser uma solução vantajosa nos seguintes casos:

- quando não se deseja vibração durante a cravação (principalmente se forem perfis simples).
- quando servem de apoio a pilares de divisa, pois eliminam o uso de vigas de equilíbrio e ajudam no escoramento, caso de subsolos (perfis com pranchões de madeira).

122   *Exercícios de fundações*

5.2.2.6 Tipo mega

Essas estacas, geralmente de concreto, são cravadas com auxílio de um macaco hidráulico, que pode reagir contra uma cargueira ou contra a própria estrutura. Embora sua origem esteja relacionada com o emprego em reforços de fundações, podem também ser usadas como fundação inicial nos casos em que há necessidade de reduzir a vibração ao máximo e quando nenhum outro tipo de estaca pode ser feito (por exemplo, Strauss ou metálica). Por esta razão, poucas são (pelo menos no estado de São Paulo) as obras com esse tipo de estacas. Sua faixa de carga situa-se em torno de 700 kN.

5.2.2.7 Escavadas

Essas estacas são executadas geralmente com o uso de lama bentonítica e usadas para cargas elevadas (acima de 1 500 kN), competindo em custo com os tubulões a ar comprimido. Não causam vibração, porém necessitam de área relativamente grande para a instalação dos equipamentos necessários a sua execução.

5.2.3 Fundação em tubulões

Dois são os tipos de tubulões: a céu aberto e a ar comprimido (com camisa de aço ou de concreto).

Os tubulões a céu aberto são usados acima do nível da água, ou abaixo, se o terreno for predominantemente argiloso de tal modo que seja possível esgotar a água com auxílio de bomba, sem haver perigo de desmoronamento.

Os tubulões a ar comprimido são executados abaixo do nível da água (no máximo, 30 m de coluna de água), quando não é possível esgotar a mesma.

Os tubulões a céu aberto são usados praticamente para qualquer faixa de carga. Durante sua execução, não causam vibrações. Seu limite de carga, geralmente, é condicionado pelo diâmetro da base. De uma maneira geral, as bases devem ter seu diâmetro limitado a 4 m, só se adotando diâmetros maiores em terrenos bem conhecidos e experimentados.

É importante ressaltar que, menos o volume do bloco, o volume de dois tubulões (cujo fuste, seja $\geq$ 70 cm) é menor que o de apenas um, para a mesma carga. Daí, às vezes, parecer ilusório que o uso de um tubulão com base muito grande é melhor que dois tubulões com base menor, principalmente se o pilar, em planta, tiver um comprimento grande (caso de pilares de escada, poço de elevador etc.)

A tensão admissível do solo de apoio da base será obtida por

$\sigma_s = p_a$ (pressão de pré-adensamento de solos predominantemente argilosos);

$$\sigma_s = \frac{(SPT)_{médio}}{30}(MPa) \text{ para solos com SPT} \leq 20.$$

Os tubulões a ar comprimido são geralmente usados para cargas elevadas (acima de 3 000 kN). O diâmetro da base e a tensão admissível obedecem às mesmas diretrizes dos tubulões a céu aberto.

5.3 EXERCÍCIOS RESOLVIDOS

1.º **Exercício:** Para implantação de uma fábrica, foram feitas sondagens à percussão com amostrador SPT, cujo resultado é fornecido abaixo.

Quais os tipos de fundação mais adequados para as seguintes construções:

a) edifício administrativo com pilares de carga ≤ 300 kN;
b) galpão industrial com pilares de até 700 kN e piso com sobrecarga de 0,15 MPa;
c) caixa de água elevada de peso total (inclusive água) de 6 800 kN e apoiada em quatro pilares.

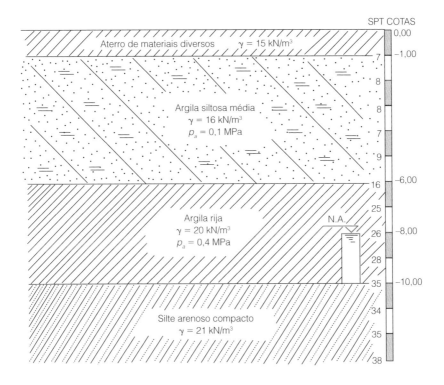

Solução

Item a)

1) Fundação direta $\sigma_s = p_a = 0{,}1$ MPa apoiada na cota $-1{,}00$ m.
2) Broca ϕ 30 cm para 100 kN, ou seja, três estacas por pilar.

124   *Exercícios de fundações*

3) Straus ϕ 25 cm para 200 kN, ou seja, duas estacas por pilar. Caso haja vigas de amarração, poderá ser usada apenas uma estaca por pilar. Essas estacas terão a ponta entre as cotas –6,0 e –8,0 m.

Item b)

b.1. Pilares do galpão

1) Estacas Straus ϕ 38 cm para 400 kN, ou seja, duas estacas por pilar.

2) Estacas pré-moldadas ϕ 30 cm para 400 kN, ou seja, duas estacas por pilar, com ponta entre as cotas –7,00 e –8,00 m.

3) Tubulões a céu aberto ϕ 70 cm (um tubulão por pilar) apoiados na cota –7,0 m com $\sigma_s = p_a = 0,4$ MPa.

b.2. Piso

Pode-se apoiar o piso numa malha de estacas Strauss, por exemplo, $\phi = 55$ cm para 800 kN. Caso haja disponibilidade de tempo, pode-se optar por remover o aterro de materiais diversos e fazer um novo aterro com carga igual ou superior a 0,15 MPa, que será retirado após o adensamento da argila siltosa, fazendo-se, assim, o piso em fundação direta (blocos pré-moldados de concreto ou paralelepípedos). Uma outra solução é conviver-se com os recalques, fazendo-se fundação direta e removendo de tempo em tempo os blocos pré-moldados ou os paralelepípedos, e preenchendo o espaço correspondente ao recalque por solo.

Item c)

$$\frac{6\,400}{4} = 1\,600\,\text{kN/pilar}$$

1) Tubulão a céu aberto $\phi = 70$ cm com taxa $\sigma = pa = 0,4$ MPa apoiado na cota –7,0 m (ϕ base = 2,35 m).

2) Estacas tipo Franki ϕ 52 cm para 1 300 kN (duas estacas por pilar) apoiadas na cota –7,0 m.

3) Estacas pré-moldadas ϕ 50 cm para 1 000 kN (duas estacas por pilar) apoiadas entre as cotas –7,0 e –10,0 m.

2.º Exercício: Qual fundação técnica e economicamente mais viável para a construção de uma residência com estrutura de concreto armado cujos pilares terão cargas em torno de 600 kN, considerando-se o perfil geotécnico a seguir? Justificar.

Escolha do tipo de fundação

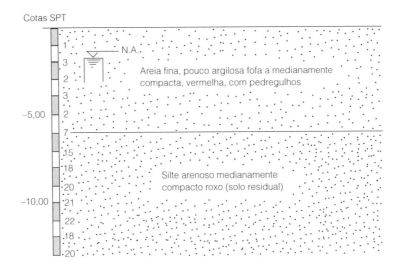

Solução

Embora a carga não seja alta, não se devem adotar sapatas, pois a compacidade da areia é fofa, portanto sujeita a grandes recalques. Este raciocínio também vale para o caso de argilas porosas.

Estacas Strauss também não são aconselháveis, pois o solo é constituído de areia fina submersa.

A solução mais indicada para este caso são estacas pré-moldadas com ponta na cota de –8,0 a –9,0 m.

3.º Exercício: No local cuja sondagem é dada a seguir, deseja-se construir um edifício de catorze pavimentos. Qual a solução para a fundação deste prédio, sabendo-se que as construções vizinhas são, de um lado, um sobrado velho e, do outro, uma igreja centenária?

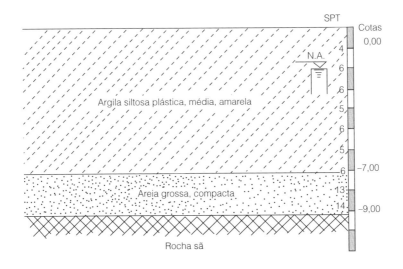

Deve-se verificar, inicialmente, se é possível adotar fundação direta com taxa no solo de 0,1 MPa. Para tanto, faz-se a seguinte conta:

Carga por m²/andar = 12 kPa;

N. de andares = 14.

Se fosse feito um *radier* total, ou seja, uma fundação rasa, ocupando 100% da área, a taxa aplicada ao solo seria 14 × 12 = 168 kPa, ou seja, 0,17 MPa > 0,1 MPa.

Conclusão: Não dá para se fazer fundação direta visto que, se a ocupação econômica desse tipo de fundação é da ordem de 50%, a tensão aplicada ao solo subirá de 0,17 para 0,34 MPa.

Se não fossem os problemas dos vizinhos, a solução seria adotar estacas pré-moldadas ou estacas Franki apoiadas no meio da camada de areia. Entretanto, essas estacas causam vibrações que poderão prejudicar o sobrado e a igreja.

Por esta razão, podem-se adotar estacas metálicas (I 10 × 45/8 pol, para 400 kN ou I 12 × 5/14 pol, para 600 kN) cravadas até a rocha.

Outras soluções que poderiam ser pensadas, pois causam pouca vibração:

a) Estacas tipo Mega, com reação em plataforma ou na estrutura, porém esse tipo de estaca só deve ser usado quando não existe outro tipo de fundação visto que seu custo (pelo menos atualmente) é alto e sua execução, demorada.

b) Tubulões a ar comprimido apoiados na rocha, com taxa, no mínimo, de 1 MPa.

4.º Exercício: Dado o perfil abaixo, qual a solução a adotar para a fundação de um edifício cujos pilares têm carga da ordem de 3 000 kN?

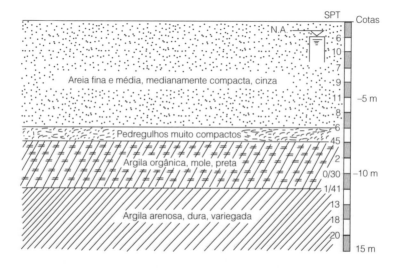

A solução em estacas Franki ou em Strauss é afastada de imediato por causa da camada de argila orgânica. A Franki talvez pudesse ser tentada caso fosse possível reforçar com areia a camada de argila orgânica. Se não houver problema de custos, poder-se-á executar estaca Franki com fuste vibrado.

A solução em estacas pré-moldadas poderá ser usada desde que seja possível adotar o seguinte processo executivo:

a) cravação de um tubo com ponta aberta até a camada de pedregulhos. (Por exemplo tubo de estaca Strauss);
b) retirada dos pedregulhos usando, por exemplo, uma vasilha coletora;
c) cravação da estaca pré-moldada;
d) retirada do tubo.

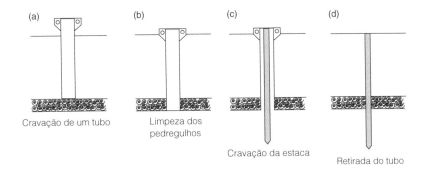

Outra solução que se poderia usar seria a cravação de estacas metálicas usando as cargas mostradas na Tabela 3.1.

5.º **Exercício**: No terreno, cujo perfil está indicado abaixo, será construído um edifício de apartamentos com doze pavimentos-tipo. Haverá também um subsolo na cota –3,00 m que abrange todo o terreno. O edifício é constituído por uma torre central que se situa aproximadamente no centro do terreno. Pede-se:

a) Qual a fundação mais econômica para a fundação do edifício, cujos pilares têm carga da ordem de grandeza de 2 000 kN?
b) Qual a solução mais indicada para a construção do subsolo?

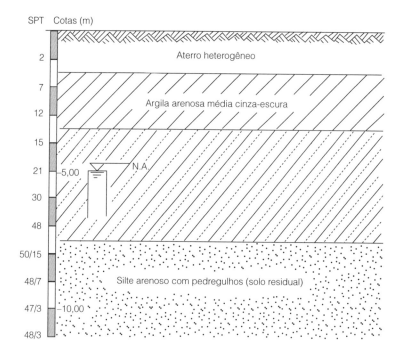

Solução

Item

a) Fundação direta na cota de –4 a –5 m (de 1 a 2 m abaixo da cota do subsolo) com $\sigma_s = 0{,}3$ a $0{,}5$ MPa. Área máxima da sapata

$$A = \frac{2\,000}{300} = 7\,m^2$$

Item

b) Se não houver problema com as construções vizinhas, a solução mais econômica consistirá em escavar o terreno, deixando taludes na periferia, com inclinação de 1 : 1 (V: H), abrindo-se "cachimbos", onde se fizer necessário, para submurar as construções vizinhas, e executando a cortina em fundação direta.

Se as construções vizinhas forem problemáticas, deverão ser cravados perfis metálicos junto a estas e fazer a escavação concomitantemente com o prancheamento de madeira entre os mesmos. Os perfis metálicos não causam praticamente vibrações e podem ser usados também para suportar os pilares da divisa que servem de apoio à laje do subsolo.

5.4 EXERCÍCIOS PROPOSTOS

1.º **Exercício:** Tendo sido chamado para desempatar uma discussão sobre o tipo de fundação a ser empregado na construção de um edifício de escritórios com dois subsolos abaixo do nível da rua e carga nos pilares variando de 2 000 kN a 8 000 kN, pede-se:

a) Qual a solução (uma só) a ser adotada justificando técnica e economicamente, e fornecendo o tipo e comprimento, no caso de ser em estacas, ou cota de apoio e tensão admissível do solo, no caso de serem sapatas ou tubulões.
b) Discutir a viabilidade ou não (somente técnica) do emprego de fundações por sapatas.

A sondagem representativa está indicada a seguir.

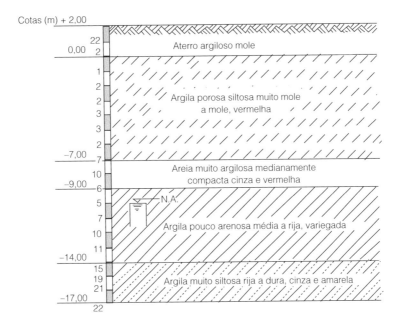

Notas: 1) Referência de nível = 0,0 foi tomada na calçada.
2) Os números à esquerda da sondagem indicam o SPT.

Resposta: Cota da calçada   0,00 m
           Dois subsolos × 3 m   = 6,00 m
           Cota inferior do subsolo 6,00 m

a) A solução mais econômica será usar estacas Strauss com ponta na cota −15,00 m, caso a argila siltosa seja "impermeável" o bastante para permitir uma concretagem a "seco". Caso isso não seja possível, a solução a adotar será estacas pré-moldadas com ponta entre as cotas −13,00 e −14,00 m.

Tanto as estacas Strauss quanto as pré-moldadas devem ser executadas após a escavação do terreno na cota −6,00 m.

b) A taxa máxima possível é dada por: pressão efetiva devido ao solo escavado.
$$\frac{SPT_{(médio)}}{50} (MPa)$$
Adotando peso específico médio $\gamma = 15$ kN/m³ e $SPT_{(médio)} = 5$, a taxa máxima será:

$$\sigma_s = 8\,m \times 0,015\,MN/m^3 + \frac{5}{50} \cong 0,2\,MPa$$

Área necessária para a sapata

$$A = \frac{2000\text{ a }8000}{200} = 10\text{ a }40\,m^2,$$

que corresponde a uma taxa de ocupação entre 60% e 100% (admitindo-se que cada pilar tenha uma área de influência de 6 m × 6 m). Como, em princípio, esta fundação só é econômica para taxas de ocupação em torno de 50%, a mesma não deve ser usada, principalmente se a predominância de cargas for em torno de 8 000 kN.

2.º **Exercício:** Considerar-se o perfil de sondagem abaixo. Qual a fundação técnica e economicamente mais viável para a construção de uma resistência com estrutura de concreto armado cujos pilares terão carga em torno de 600 kN? Justificar.

O amostrador utilizado na sondagem é o *Standard Penetration Test*.

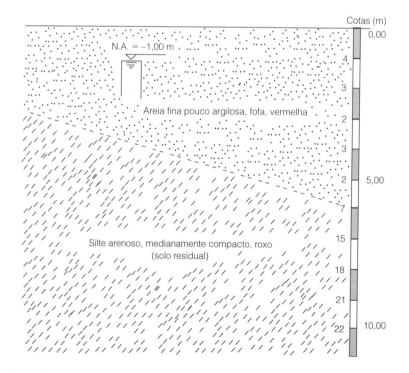

Resposta: Estacas pré-moldadas com ponta entre as cotas –7,00 e –9,00 m.

Não devem ser usadas estacas Strauss, por causa da areia submersa e fundação rasa porque a areia é fofa.

3.º Exercício: Dado o perfil abaixo, escolher a fundação mais adequada para a construção de um edifício de catorze pavimentos com carga média de 3 000 kN por pilar.

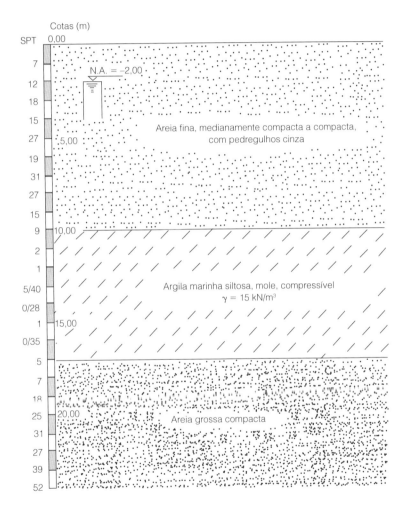

Resposta: Por causa da camada de argila *compressível*, não é aconselhável o uso de fundações rasas (ver o problema dos edifícios na Baixada Santista, objeto de uma reportagem na revista *A Construção de São Paulo,* de 10 de outubro de 1977).

A solução em estacas pré-moldadas é arriscada pois as mesmas terão de atravessar 10 m de areia fina compacta. O recurso às vezes usado, de se cravar a estaca com o auxílio de jato de água, nem sempre dá resultado.

132 *Exercícios de fundações*

A solução em estaca Franki só é possível com o processo de fuste vibrado; mas, em geral, este processo é caro.

As soluções mais indicadas são estacas escavadas com auxílio de lama bentonítica ou estacas metálicas com a ponta no meio da camada de areia grossa.

Nota: Qualquer que seja a solução adotada, é conveniente analisar a possibilidade da ocorrência de "atrito negativo", devido à presença da camada de argila marinha, principalmente se forem feitos aterros na área.

4.º Exercício: Qual solução você adotaria para o exercício anterior, se soubesse que o prédio tem como vizinhos, de um lado, um sobrado em fundação direta com estrutura em situação precária e, do outro, uma igreja centenária também em fundação direta?

Resposta: Estacas metálicas ou estacas escavadas com auxílio de lama bentonítica. Ficam eliminadas as soluções em estacas Franki e pré-moldadas, por causa do estado dos edifícios vizinhos.

5.º Exercício: Na construção de um edifício de treze andares mais um subsolo é necessário solucionar os problemas de fundações dos pilares e de execução do subsolo, com piso e 3 m a partir do nível do terreno.

As construções vizinhas são casas térreas muito antigas e estão em estado precário, apoiadas em fundação direta, junto à divisa.

Indicar duas soluções tecnicamente viáveis para as fundações dos pilares sabendo que a ordem de grandeza das cargas é de 4 000 kN no centro e 350 kN na periferia, e descrever resumidamente um método executivo que julgar mais barato para a execução do subsolo e das paredes do mesmo junto à divisa.

Nota: Para estacas, indicar cota de ponta e, para sapatas ou tubulões, cota de apoio e taxa.

Escolha do tipo de fundação 133

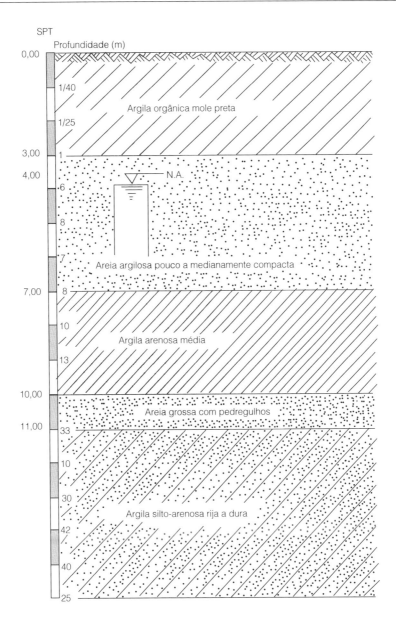

Resposta: a) Pilares centrais: 1) tubulões a ar comprimido apoiados na cota –13,00 m e taxa σ_s = 1 MPa; 2) estacas escavadas com auxílio de lama bentonítica, com ponta entre as cotas –13,00 m e –15,00 m.

b) pilares da periferia;

1) estacas metálicas (que servirão também para escoramento);

2) fundações rasas, pelo método de "cachimbos" e submurando as construções vizinhas;

3) uma solução que pode ser aventada, embora seja mais cara, porém de menor risco para as construções vizinhas, é a execução de parede dia-

fragma ao longo da periferia, que servirá também de fundação dos pilares periféricos.

6.º **Exercício:** Escolher os tipos de fundações, considerando o perfil do subsolo abaixo indicado, e fornecendo as informações necessárias quanto a cotas, comprimentos, tensão admissível etc.

Indicar uma solução para cada caso, considerando o aspecto técnico e econômico.

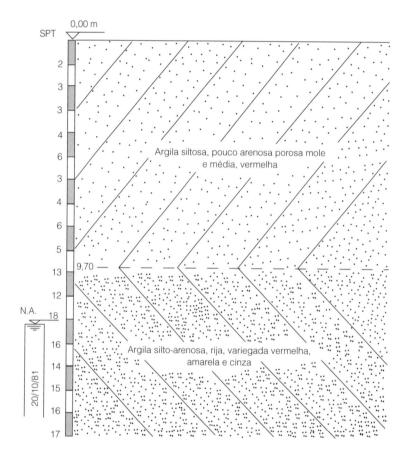

a) Para construção de edifício com catorze pavimentos, com cargas nos pilares de aproximadamente 3 500 kN/pilar, com um subsolo de 3,00 m de altura.

b) Para construção de edifício com dezoito pavimentos-cargas de 5 000 kN/pilar, com três subsolos de 3 m cada.

Resposta: a) Tubulão a céu aberto com a base apoiada na cota –10,00 m taxa de 0,4 MPa.

b) Fundação rasa na cota –10,00 m, com taxa calculada analogamente no item *b* do 1.º Exercício proposto.

$$\sigma_s = 9 \times 0,015 + \frac{15}{50} \cong 0,5 \text{ MPa}$$

6 LEVANTAMENTO DE QUANTIDADES E ESTIMATIVA DE CUSTOS

6.1 GENERALIDADES

No Capítulo 5, foram apresentados os procedimentos utilizados para a escolha do tipo de fundação, dando-se ênfase aos aspectos técnicos. Assim, dentro desse enfoque, é muito comum ter-se mais de uma solução para uma determinada obra. Mas a escolha da solução a ser adotada é feita após uma análise dos custos dessas diversas soluções, optando-se por aquela que seja mais econômica.

Para entender esse procedimento, será feito, a seguir, um cálculo de comparação de custo de três soluções, que se supõe serem as três tecnicamente possíveis para uma determinada obra.

Para facilidade de cálculo, admitir-se-á que essa obra fictícia terá todos os pilares com a mesma seção transversal (50 × 50 cm) e a mesma carga (3 000 kN).

As soluções a analisar são (Figura 6.1):

1.ª Solução: Sapata quadrada apoiada a 2,00 m de profundidade, num solo com $\sigma_s = 0{,}4$ MPa.

2.ª Solução: Estacas pré-moldadas φ 50 cm para carga máxima axial de 1 000 kN e comprimento de 8 m. Essas estacas, após serem arrasadas, ficarão com 7 m.

3.ª Solução: Tubulão a céu aberto apoiado a 8 m de profundidade, num solo com $\sigma_s = 0{,}5$ MPa.

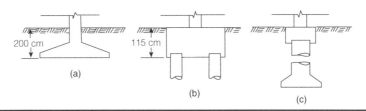

Figura 6.1

Para poder-se proceder ao levantamento das quantidades que servirão de base ao cálculo do custo, torna-se necessário entender como é feito cada um dos serviços para poder quantificá-los.

6.1.1 Execução de uma sapata

Para executar uma sapata, é feita inicialmente uma escavação até a cota de apoio. Essa escavação geralmente é em talude (Figura 6.2a) com uma folga no pé, em relação às dimensões da sapata, da ordem de 50 cm.

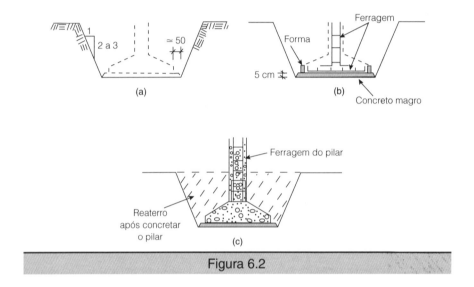

Figura 6.2

Esse talude é tanto mais vertical quanto mais resistente for o solo. As inclinações normalmente usadas variam de 1: 1 a 1:3 (H:V).

A segunda etapa consiste em lançar uma camada, com 5 cm de espessura, de concreto magro (Figura 6.2b), apoiar a fôrma do rodapé da sapata (as superfícies inclinadas da sapata não levam fôrma) e colocar a armação de sapata e os ferros de arranque do pilar (Figura 6.2b).

A concretagem é feita até a face superior da sapata (Figura 6.2c), após o que é retirada a fôrma da mesma e colocada a ferragem do pilar (Figura 6.2c) e a fôrma do mesmo, seguindo-se sua concretagem. Finalmente, promove-se o reaterro em torno da sapata, após desenformar o pilar.

6.1.2 Execução de bloco sobre estacas

Inicialmente, são cravadas as estacas. Se as mesmas forem moldadas *in loco*, a concretagem será levada até cerca de 30 cm acima da cota de arrasamento. Se forem pré-moldadas, geralmente sua cabeça será deixada próxima ao nível do terreno, ou um pouco abaixo (cravação com suplemento). A seguir, é feita a escavação para permitir a execução do bloco de capeamento. Essa escavação tem as mesmas características do caso anterior. A seguir, é lançado o lastro de concreto magro (Figura 6.34a).

Na segunda etapa são feitos o corte e o preparo da cabeça das estacas, utilizando-se ponteiros e marretas ou, em alguns casos, marteletes de pequeno porte. Esse arrasamento deverá ficar de 5 a 10 cm acima da face superior do concreto magro (Figura 6.3b). Finalmente, coloca-se a fôrma nas faces laterais do bloco, a armação (com os ferros de arranque do pilar) e concreta-se o mesmo. Após a remoção da fôrma é feito o reaterro, geralmente até a face superior do bloco.

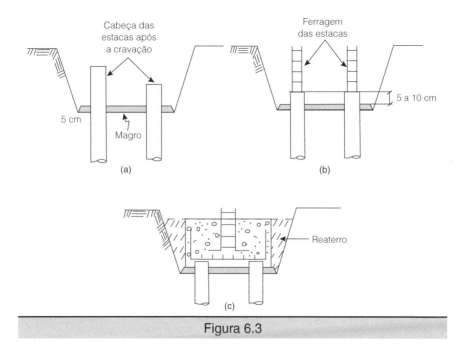

Figura 6.3

6.1.3 Execução de bloco sobre tubulões

A execução de um bloco sobre tubulões segue, em linhas gerais, as mesmas etapas de um bloco sobre estacas.

6.2 LEVANTAMENTO DAS QUANTIDADES PARA O CASO EM ESTUDO

6.2.1 Solução em sapatas

a) Como o pilar é quadrado, a sapata terá para lado

$$a = \frac{3000}{400} \therefore a \cong 2,75\,\text{m}$$

b) Esquema de execução

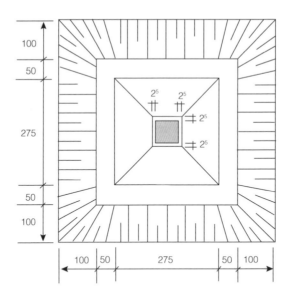

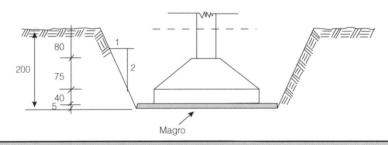

Figura 6.4

Na Figura 6.4 estão apresentadas as dimensões da sapata e da escavação que servirão para o cálculo da quantidade de serviços e materiais. Para efeito comparativo com as outras soluções, será quantificado o pilar até o nível do terreno.

c) Quantidades de serviços e materiais

c.1. Escavação: a geometria da escavação será assimilada a um tronco de pirâmide.

$$V_e = \frac{h}{3}\left[A + a + \sqrt{Aa} \right] =$$
$$= \frac{2}{3}\left[5,75^2 + 3,75^2 + \sqrt{5,75^2 \times 3,75^2} \right]$$
$$\therefore V_E \cong 46\,\text{m}^3$$

Levantamento de quantidades e estimativa de custos

c.2. Concreto magro

Área: $3,75^2 = 14\,\text{m}^2$

$V_{cm} = 14 \times 0,05 = 0,7\,\text{m}^3$

c.3. Fôrma

Rodapé: $4 \times 2,75 \times 0,4 = 4,40\,\text{m}^2$

Pilar: $\quad 4 \times 0,50 \times 0,8 = \dfrac{1,60\,\text{m}^2}{6,00\,\text{m}^2}$

c.4. Concreto

$$V_c = 2,75^2 \times 0,4 + \frac{0,75}{3}\left[2,75^2 + 0,55^2 + \sqrt{2,75^2 \times 0,55^2}\right] +$$

$$+0,5^2 \times 0,8 \therefore V_c \cong 5,6\,\text{m}^3$$

c.5. Reaterro

$$V_r = V_e - \left(V_c + V_{cm}\right) = 46 - \left(5,6 + 0,7\right) = 39,7\,\text{m}^3$$

c.6. Bota-fora

$$V_{bf} = V_e - V_r = 46 - 39,7 = 6,3\,\text{m}^3$$

c.7. Armadura

Para o cálculo de armadura, considerar-se-á um consumo médio de 50 kg/m³.

$$P_a = 5,6 \times 50 = 280\,\text{kg}$$

6.2.2 Solução em estacas

a) Quantidade de estacas

$$n = \frac{3\,000}{1\,000} = 3 \text{ estacas}$$

b) Esquema de execução

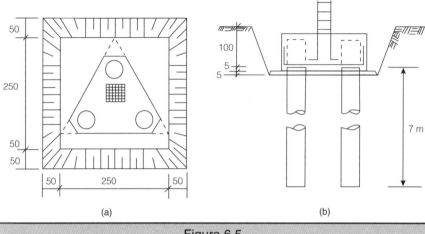

Figura 6.5

Apesar de o bloco ter projeção triangular, normalmente a escavação é admitida quadrada (Figura 6.5a).

c) Quantidade de serviços e materiais

c.1. Fornecimento e cravação de estacas:

$$L = 3 \times 8 = 24\,\mathrm{m}$$

c.2. Escavação

$$V_e = \frac{1,1}{3}\left[4^2 + 3^2 + \sqrt{4^2 \times 3^2}\right] = 13,6\,\mathrm{m}^2$$

c.3. Concreto magro

Área: $3^2 = 9\,\mathrm{m}^2$

$V_{cm} = 9 \times 0,05 = 0,5\,\mathrm{m}^3$

c.4. Corte e preparo da cabeça da estaca: três unidades

c.5. Fôrma

$$3 \times (2 + 0,5) \times 1,05 \cong 7,4\,\mathrm{m}^2$$

c.6. Concreto do bloco

$$V_c = \left[\frac{3,04 \times 2,63}{2} - 3 \times \frac{0,6 \times 0,5}{2}\right] \times 1,05 = V_c \cong 3,6\,\mathrm{m}^3$$

c.7. Reaterro

$$V_r = 13,6 - (3,6 + 0,8) = 9,2\,\mathrm{m}^3$$

c.8. Bota-fora

$$V_{bf} = 13,6 - 9,2 = 4,4\,\text{m}^3$$

c.9. Armadura

Para cálculo da armadura, considerar-se-á um consumo médio de 80 kg/m³.

$$P_a = 3,6 \times 80 \cong 290\,\text{kg}$$

6.2.3 Solução em tubulão a céu aberto

a) Quantidade de tubulões

Como a carga é de 3 000 kN e a taxa no solo, de 500 kPa, será adotado um tubulão por pilar.

$$D = \sqrt{\frac{4 \times 3000}{\pi \times 500}} \cong 2,80\,\text{m}$$

$$\phi = \sqrt{\frac{4 \times 3000}{\pi \times 5000}} \cong 0,90\,\text{m}$$

$$H = 0,866(2,80 - 0,90) \cong 1,65\,\text{m}$$

Nota: Os valores acima também poderiam ser obtidos usando-se a Tabela 2.4.

b) Esquema de execução

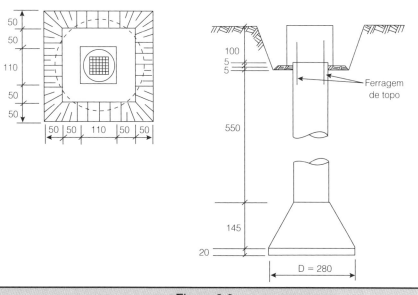

Figura 6.6

142   *Exercícios de fundações*

c) Quantidade de serviços e materiais

  c.1. Escavação do tubulão

    Para efeito de quantificação deste serviço, é separada a perfuração do fuste (cobrado por metro linear) até a cota de apoio da base, da perfuração do alargamento da base (medido por metro cúbico) (valor V_1 Tabela 2.5).

    c.1.1. Perfuração do fuste

$$P_f = 8 \text{ m}\ell \text{ de tubulão } \phi \, 90 \text{ cm}$$

    c.1.2. Perfuração do alargamento da base

      Área da base: 6,15 m²

      Área do fuste: 0,64 m²

$$V = 0,2 \times 6,15 + \frac{1,45}{3}\left[6,15 + 0,64 + \sqrt{6,15 \times 0,64}\right] -$$
$$- 0,64 \times 1,65 \cong 4,4 \, \text{m}^3$$

Nota: Este valor poderia ser obtido diretamente da Tabela 2.5.

  c.2. Concretagem do tubulão

$$V_c^t = 0,64 \times 7 + 4,4 \cong 8,90 \, \text{m}^3$$

  c.3. Ferragem de topo do tubulão

$$6 \, \phi \, 12,5 \, \text{mm} \times 2 \, \text{m} \times 1 \, \text{kg/m} = 12 \, \text{kg}$$

  c.4. Escavação do bloco

$$V_e = \frac{1,1}{3}\left[3,1^2 + 2,1^2 + \sqrt{3,1^2 \times 2,1^2}\right] = 7,5 \, \text{m}^3$$

  c.5. Concreto magro

    Área: 2,1² – 0,64 = 3,8 m²

    $V_{cm} = 3,8 \times 0,05 \cong 0,2$ m³

  c.6. Preparo da cabeça do tubulão: uma unidade.

  c.7. Fôrma

$$4 \times 1,1 \times 1 = 4,4 \, \text{m}^2$$

  c.8. Concreto do bloco

$$V_c = 1,1^2 \times 1 = 1,2 \, \text{m}^3$$

  c.9. Reaterro

$$V_r = 7,5 - \left(1,2 + 0,2\right) = 6,1 \, \text{m}^3$$

  c.10. Bota-fora:

$$V_{bf} = \frac{\pi \times 0,9^{-2}}{4} \times 8 + 4,4 + 7,5 - 6,1 \cong 10,9 \, \text{m}^3$$

c.11. Armadura do bloco

$$P_a = 1,2 \times 80 = 96 \, kg$$

6.3 ESTIMATIVA DE CUSTOS

Os preços unitários indicados nas tabelas a seguir são fictícios e servem apenas para estabelecer a rotina de cálculo. Para se obter os preços reais de mercado, pode-se recorrer às revistas especializadas sobre o assunto (por exemplo, "A Construção em São Paulo"; "Boletim de Custos" etc.) ou, ainda, contatando as firmas que executam os diversos serviços.

6.3.1 Solução em sapatas

a) Mão de obra

Descrição	Unidade	Quantidade	Preço (R$)	
			Unitário	Total
Escavação manual	m³	46,0	6,00	276,00
Lançamento e adensamento de concreto magro (e = 5 cm)	m²	14,0	1,50	21,00
Lançamento e adensamento de concreto estrutural	m³	5,6	27,00	151,20
Confecção, colocação e remoção de fôrma	m²	6,0	5,00	30,00
Dobramento e colocação de armadura	kg	280,0	0,30	84,00
Reaterro	m³	39,7	6,00	238,20
Bota-fora	m³	6,3	2,00	12,60
Total de mão de obra				813,00

b) Material

Descrição	Unidade	Quantidade	Preço (R$)	
			Unitário	Total
Concreto magro	m³	0,7	70,00	49,00
Concreto estrutural	m³	5,6	100,00	560,00
Fôrma	m³	6,0	13,00	78,00
Armadura	kg	280,0	1,00	280,00
Total de material				967,00

Custo total da solução de sapatas: R$ 1.780,00.

144 *Exercícios de fundações*

6.3.2 Solução em estacas

a) Mão de obra

	Descrição	Unidade	Quantidade	Preço (R$)	
				Unitário	Total
Estacas	Cravação	m	24	8,00	192,00
	Corte da cabeça	unidade	3	5,00	15,00
Bloco	Escavação manual	m³	13,6	6,00	81,60
	Lançamento e adensamento de concreto magro (e = 5 cm)	m²	9,0	1,50	13,50
	Lançamento e adensamento de concreto estrutural	m³	3,6	27,00	97,20
	Confecção, colocação e remoção de fôrma	m²	7,4	5,00	37,00
	Dobramento e colocação da armadura	kg	290,0	0,30	87,00
	Reaterro	m³	9,2	6,00	55,20
	Bota fora	m³	4,4	2,00	8,80
Total de mão de obra					587,30

b) Material

Descrição	Unidade	Quantidade	Preço (R$)	
			Unitário	Total
Fornecimento de estacas	m	24	25,00	600,00
Concreto magro	m³	0,5	70,00	35,00
Concreto estrutural	m³	3,6	100,00	360,00
Fôrma	m²	7,4	13,00	96,20
Amadura	kg	290,0	1,00	290,00
Total de material				1.381,20

Custo total da solução em estacas: R$ 1.968,50.

Levantamento de quantidades e estimativa de custos 145

6.3.3 Solução em tubulão a céu aberto

a) Mão de obra

	Descrição	Unidade	Quantidade	Preço (R$)	
				Unitário	Total
Tubulão	Perfuração do fuste	ml	8,0	50,00	400,00
	Alargamento da base	m³	4,4	100,00	440,00
	Lançamento de concreto	m³	8,9	50,00	445,00
	Colocação da ferragem de topo	kg	12,0	0,10	1,20
Bloco	Escavação manual	m³	7,5	6,00	45,00
	Lançamento e adensamento de concreto magro ($e = 5$ cm)	m²	4,4	1,50	6,60
	Corte e preparo da cabeça do tubulão	un.	1	7,00	7,00
	Confecção, colocação e remoção da fôrma	m²	4,4	5,00	22,00
	Dobramemo e colocação da armadura	kg	96,0	0,30	28,80
	Lançamento e adensamento de concreto estrutural	m³	1,2	27,00	32,40
	Reaterro	m³	6,1	6,00	36,60
	Bota-fora	m³	10,9	2,00	21,80
Total de mão de obra					1,486,40

b) Material

	Descrição	Unidade	Quantidade	Preço (R$)	
				Unitário	Total
Tubulão	Concreto	m³	8,9	100,00	890,00
	Armadura	kg	12,0	1,00	12,00
Bloco	Concreto magro	m³	0,2	70,00	14,00
	Concreto estrutural	m³	1,2	100,00	120,00
	Fôrma	m²	4,4	13,00	57,20
	Armadura	kg	96,0	1,00	96,00
Total de material					1.189,20

Total da solução em tubulão: R$ 2.675,60.

6.4 RESUMO DO CUSTO DAS TRÊS SOLUÇÕES

Solução em sapatas: R$ 1.780,00

Solução em estacas: R$ 1.968,50

Solução em tubulões: R$ 2.675,00

Conclusão: A solução mais indicada, técnica e economicamente, é a solução em sapatas.

7 ESCORAMENTOS

7.1 PROCEDIMENTOS GERAIS DE PROJETO

As tensões ativas e passivas numa profundidade genérica i são dadas por (Figura 7.1)

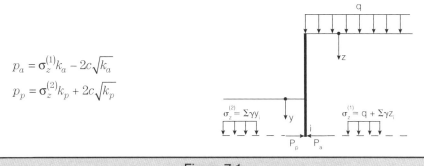

$$p_a = \sigma_z^{(1)} k_a - 2c\sqrt{k_a}$$
$$p_p = \sigma_z^{(2)} k_p + 2c\sqrt{k_p}$$

Figura 7.1

em que: σ_z é a tensão vertical efetiva na profundidade z; c, a coesão do solo; k_a, o coeficiente de empuxo ativo, que para terrapleno horizontal, vale $tg^2(45° - \varphi/2)$; k_p, o coeficiente de empuxo passivo $= tg^2(45° + \varphi/2)$; e φ, o ângulo de atrito interno do solo.

Para aplicação, ver 1.º *Exercício resolvido*.

Notas: 1) Se as superfícies forem horizontais, $k_a = 1/k_p$.

2) Quando não se dispõe de ensaios de laboratório, podem-se estimar os valores de c e φ com base nas Tabelas 4.2 e 4.3.

3) Quando os escoramentos forem "estanques", devem-se somar às tensões de p_a e p_p as correspondentes pressões da água. Neste caso, o peso específico a adotar para o solo é o submerso ($\gamma_{sub} = \gamma_{sat} - \gamma_{água}$). Para $\gamma_{água}$, pode-se adotar 10 kN/m³. Para calcular a pressão da água, há necessidade de considerar seu

movimento. Se o escoramento é contínuo e penetra uma camada impermeável, a água pode ser encontrada em estado estático e o diagrama de pressões será o hidrostático (Figura 7.2a). Esta situação, em geral, não ocorre e a água se encontra em movimento em direção à escavação. Este movimento é complexo e de difícil determinação. Esta determinação deve começar com a identificação da condição do fluxo *não confinado* (quando uma das fronteiras de seu domínio é uma superfície livre, como na Figura 7.2c) ou *confinado* (Figura 7.2b). Por simplicidade de cálculo, adotar-se-á, nos exercícios que se seguem, o diagrama de tensões correspondente ao caso estático.

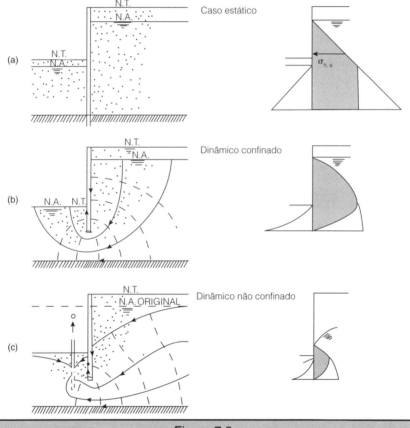

Figura 7.2

4) As expressões fornecidas acima para k_a e k_p são válidas quando o ângulo de atrito entre o solo e o escoramento for nulo ($\delta = 0$).

Entretanto, δ pode variar de zero a $2/3\varphi$. Na Tabela 7.1 estão indicados os valores de k_a e k_p em função de δ.

Tabela 7.1

		\multicolumn{7}{c}{φ em graus}
		5	10	15	20	25	30	35	40
$\frac{\delta}{\varphi}=0$	k_a	0,84	0,70	0,59	0,49	0,41	0,33	0,27	0,22
	k_p	1,19	1,42	1,70	2,04	2,46	3,00	3,70	4,60
$\frac{\delta}{\varphi}=\frac{1}{3}$	k_a	0,82	0,67	0,56	0,45	0,37	0,30	0,25	0,20
	k_p	1,22	1,52	1,89	2,38	3,03	4,02	5,55	8,10
$\frac{\delta}{\varphi}=\frac{2}{3}$	k_a	0,82	0,66	0,54	0,44	0,36	0,30	0,25	0,20
	k_p	1,24	1,59	2,06	2,72	3,61	5,25	8,00	12,80

Conhecidos os diagramas de tensões ativas e passivas (incluindo a pressão da água, quando for o caso), o cálculo clássico de escoramento é feito como se expõe a seguir.

1.º Caso: Escoramentos em balanço

Este tipo de escoramento é feito quando a escavação é de pequena altura (da ordem de grandeza de 3 m). Neste caso, o escoramento tende a girar em torno do ponto O (Figura 7.3a). O sistema de forças para o cálculo da estabilidade, está indicado na Figura 7.3b. Para simplificar o cálculo, adota-se o diagrama de forças da Figura 7.3c, em que se admite que o empuxo E_{P2} coincida com o ponto O.

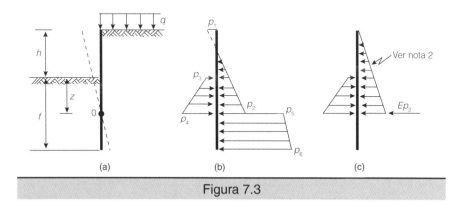

Figura 7.3

Notas: 1) E_{P2} é a resultante do diagrama de tensões passivas p_5 a p_6.

2) Quando o valor de p_1 for negativo (parcela $2c\,k_a$ maior que qk_a), recomenda-se adotar $p_1 = 0$ (Figura 7.3c).

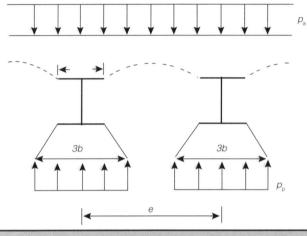

Figura 7.4

3) Se o escoramento abaixo da escavação for descontínuo (por exemplo, perfis metálicos regularmente espaçados), as tensões ativas deverão ser calculadas a favor da segurança, como se o escoramento fosse contínuo, mas as tensões passivas devem ser consideradas atuando numa extensão igual a três vezes a largura da mesa do perfil (Figura 7.4), ou seja, devem-se multiplicar as tensões passivas pela relação

$\dfrac{3b}{e} \leq 1$ para poder assimilar o escoramento descontínuo a um contínuo equivalente.

Com base no diagrama de tensões da Figura 7.3c, faz-se $\Sigma M = 0$ em relação ao ponto 0, obtendo-se o valor de z (profundidade a partir da escavação) do ponto de giro. O valor da ficha f será então:

$$f = 1{,}2z$$

Para aplicação, ver 2.º *Exercício resolvido*.

2.º Caso: Escoramento com uma linha de escoras

Os diagramas de tensões ativas e passivas são calculados analogamente ao caso anterior, valendo inclusive as notas 2 e 3. Neste caso, entretanto, o ponto de giro deve ser considerado coincidente com a posição da escora (Figura 7.5). Como, neste caso, têm-se duas incógnitas (ficha e reação R na estronca), serão necessárias duas equações:

$$\Sigma H = 0 \rightarrow R + E_p - E_a = 0$$
$$\Sigma M = 0 \rightarrow E_p x_2 - E_a x_1 = 0$$

em que: E_p é a resultante das tensões passivas na profundidade z; e E_a, a resultante das pressões ativas desde o nível do terreno até a profundidade z.

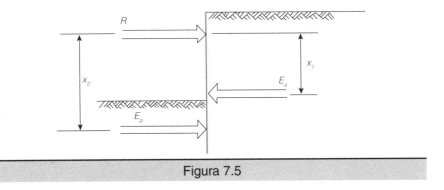

Figura 7.5

Com base nas equações acima, calculam-se R (reação na estronca) e z (profundidade de equilíbrio). Analogamente ao caso anterior, a ficha f é adotada $1,2z$. Há certos autores que, para este caso, sugerem adotar $f = 1,4z$. Entretanto, neste trabalho, adotar-se-á $f = 1,2z$.

Para aplicação, ver 3.º *Exercício resolvido*.

3.º Caso: Escoramento com duas ou mais linhas de escoras

Para este caso, será apresentada a solução aproximada proposta por Terzaghi e Peck. Segundo esses pesquisadores, a tensão ativa pode ser calculada de acordo com as Figuras 7.6a e b (caso em que não existe sobrecarga no terreno).

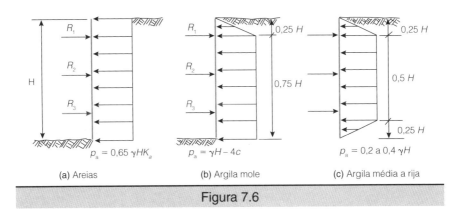

Figura 7.6

Quando existe sobrecarga, soma-se aos diagramas da Figura 7.6 a parcela qk_a.

Para o cálculo das reações nas estroncas subdivide-se o escoramento em diversas vigas isostáticas, como indicado na Figura 7.7.

Na prática, calcula-se a reação E como se a ficha fosse nula e, a seguir, adota-se para a mesma um comprimento da ordem de grandeza do último vão.

Para aplicação, ver 4.º *Exercício resolvido*.

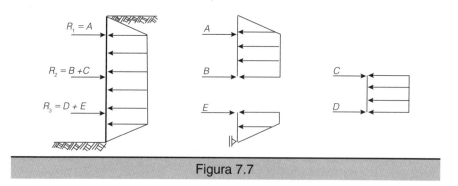

Figura 7.7

Cabe finalmente frisar que o cálculo aproximado acima vale desde que não haja risco de ruptura de fundo ou de estabilidade geral da escavação. Estas análises devem ser feitas sempre, mesmo para os 1.º e 2.º casos. Sugere-se para o cálculo de estabilidade geral o método proposto por Fellenius ou Bishop, adotando-se um fator de segurança igual a 1,5.

7.2 EXERCÍCIOS RESOLVIDOS

1.º **Exercício:** Calcular os diagramas de tensões ativas e passivas da cortina contínua abaixo, adotando $\delta = 0$.

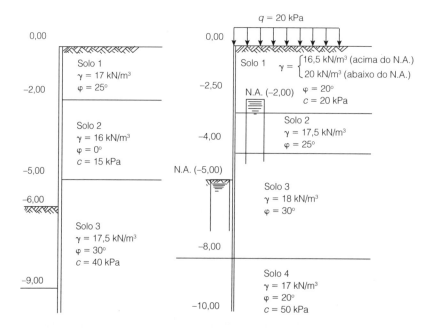

Escoramentos

Solução

1.º Caso:

Tensões ativas					Tensões passivas			
Profundidade (m)	σ'_z (kPa)	k_a	c (kPa)	P_a (kPa)	σ'_z (kPa)	k_p	c (kPa)	P_p (kPa)
0	0	0,41	0	0				
-2,00	34,0	0,41	0	13,9				
		1,00	15	4,0				
-5,00	82,0	1,00	15	52,0				
		0,33	40	-18,9				
-6,00	99,5	0,33	40	-13,0	0	3,00	40	138,6
-9,00	152,0	0,33	40	4,2	52,5	3,00	40	296,1

Diagrama resultante (tensão passiva – tensão ativa)

Profundidades $-6,00\,\text{m} : \Delta p = 138,6 - (-13,0) = 151,6\,\text{kPa}$

$$-9,00\,\text{m} : \Delta p = 296,1 - 4,2 = 291,9\,\text{kPa}$$

2.º Caso:

Tensões ativas (falta pressão da água)					Tensões passivas (falta pressão da água)			
Profundidade (m)	σ'_z (kPa)	k_a	c (kPa)	P_a (kPa)	σ'_z (kPa)	k_p	c (kPa)	P_p (kPa)
0	20,0	0,49	20	-18,2				
-2,00	53,0	0,49	20	-2,0				
-2.50	58,0	0,49	20	0,4				
		0,41	0	23,8				
-4,00	69,3	0,41	0	28,4				
		0,33	0	23,1				
-5,00	77,3	0,33	0	25,8	0,0	3,0	0	0
-8,00	101,3	0,33	0	33,8	24,0	3,0	0	72,0
		0,49	50	-20,4		2,04	50	191,8
-10,00	115,3	0,49	50	-13,5	38,0	2,04	50	220,3

Diagrama resultante (tensão passiva – tensão ativa)

Profundidades $-5,00\,\text{m} : \quad \Delta p = -25,8\,\text{kPa}$

$$-8,00\,\text{m} : \begin{cases} \Delta p = 38,2\,\text{kPa} \\ \Delta p = 212,2\,\text{kPa} \end{cases}$$

$$-10,00\,\text{m} \quad \Delta p = 233,8\,\text{kPa}$$

Pressão da água:

Profundidade −2,00 m : $\Delta p_w = 0,0$ kPa

−5,00 m $\Delta p_w = 30,0$ kPa (valor constante a partir desta cota, pois tem água dos dois lados).

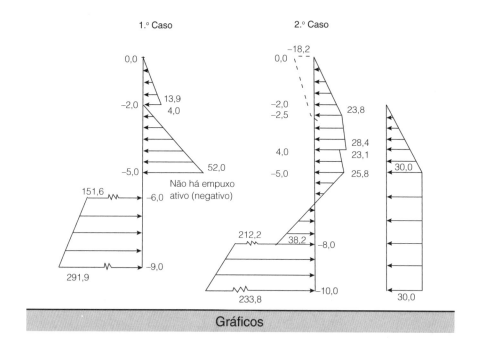

Gráficos

2.º **Exercício:** Calcular a ficha para a cortina contínua indicada na figura abaixo. Qual seria o novo valor da ficha se a cortina fosse constituída de perfis metálicos I 12 × 5¼ pol espaçados de 1,50 m e pincheados com madeira no trecho escavado, conforme indica-se na Figura b. Dispensa-se o cálculo de estabilidade geral.

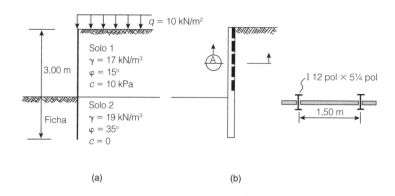

(a) (b)

Escoramentos

Solução

Caso a: Inicialmente, calcula-se o diagrama de tensões resultantes atuante na cortina de maneira análoga ao que foi feito no exercício anterior:

Tensões ativas (por metro de cortina)

Profundidades $0,00\,\text{m}$ $p_a = -9,5\,\text{kPa}$ (adotado 0)

$$-3,00 \begin{cases} p_a = 20,5\,\text{kPa} & \text{(Solo 1)} \\ p_a = 16,5\,\text{kPa} & \text{(Solo 2)} \end{cases}$$

$-(3+z)$ $p_a = (16,5 + 5,1z)\,\text{kPa}$

Tensões passivas (por metro de cortina)

Profundidades $-3,00\,\text{m}$ $p_p = 0,0\,\text{kPa}$

$-(3+z)$ $p_p = 70z\,\text{kPa}$

Diagrama resultante

Profundidades $-3,0\,\text{m}$ $\Delta p = -16,5\,\text{kPa}$

$-(3+z)\Delta p = (65z - 16,5)\,\text{kPa}$

Ponto onde o diagrama de tensões se anula

$$\Delta p = 0 \to z \cong 0,25\,\text{m}$$

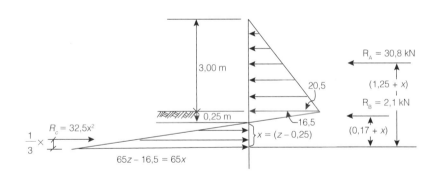

$$\Sigma M = 0 : 30,8(1,25 + x) + 2,1(0,17 + x) - 32,5x^2 \frac{x}{3} = 0 \therefore$$

$$10,8x^3 - 32,9x - 38,8 = 0$$

Esta equação é resolvida por tentativas

$x = 2,0\,\text{m} \to -18,2$
$2,5\,\text{m} \to 47,7$
$\left.\begin{array}{l} 2,25\,\text{m} \to 10,2 \\ 2,15\,\text{m} \to -2,2 \end{array}\right\} x \cong 2,20\,\text{m} \therefore z \cong 2,45\,\text{m}$

Ficha $f \cong 1,2z = 2,95\,\text{m}$ seja $z = 3,00\,\text{m}$

Caso b: Neste caso, como a ficha é descontínua, deve-se multiplicar o empuxo passivo, na região da ficha, pela relação $3b/e$ e fazer o cálculo como se fosse cortina contínua.

$$b = 5\frac{1}{4}\text{pol} \cong 13,5\,\text{cm}$$

$$\frac{3b}{e} = \frac{3 \times 13,5}{150} = 0,27$$

$$R_A = 30,8\,\text{kN}$$

$$R_B = 2,1\,\text{kN}$$

$$R_C = \left(32,5x^2\right) \times 0,27 \cong 8,8x^2$$

$$\Sigma M = 0 : 30,8(1,25 + x) + 2,1(0,17 + x) -$$

$$-8,8x^2\frac{x}{3} = 0$$

$$2,9x^3 - 32,6x - 38,4 = 0$$

$$x \cong 3,85\,\text{m} \therefore z = 4,10\,\text{m}$$

$$f = 1,2 \times 4,1 \cong 5,00\,\text{m}$$

3.º **Exercício:** Calcular a ficha e a reação (por metro de cortina) na estronca no escoramento contínuo indicado abaixo. Adotar $\delta = 0$, dispensando-se o cálculo da estabilidade geral.

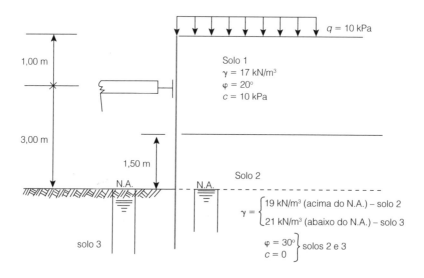

O cálculo do diagrama de tensões resultantes é feito de maneira análoga ao do 1.º Exercício.

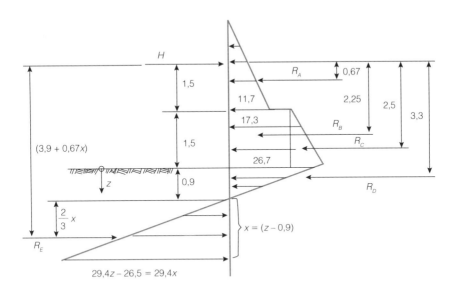

$$R_A = \frac{11,7 \times 2,5}{2} = 14,6 \text{ kN/m}$$

$$R_B = 17,3 \times 1,5 \cong 26,0 \text{ kN/m}$$

$$R_C = \frac{26,7 - 17,3}{2} \times 1,5 = 7,1 \text{ kN/m}$$

$$R_D = \frac{26,7 \times 0,9}{2} = 12,0 \text{ kN/m}$$

$$R_E = \frac{29,2x}{2} \times x = 14,7 x^2$$

$\Sigma M = 0$ (em relação ao nível da escora)

$$14,7x^2(3,9+0,67x) - 14,6 \times 0,67 - 26 \times 2,25 - 7,1 \times 2,5 - 12 \times 3,3 = 0$$
$$9,8x^3 + 57,3x^2 - 125,6 = 0$$
$$x = 1,3 \text{ m} \rightarrow z = 1,3 + 0,9 = 2,1$$

Ficha $f = 1,2z = 2,52$ adotado 2,50 m

$$\Sigma H = 0 \rightarrow H + 14,7x^2 - (14,6 + 26 + 7,1 + 12) = 0$$
$$H + 14,7x^2 - 59,7 = 0$$

Como $x = 1,3$ m então $H = 34,9$ kN/m

4.º Exercício: Usando a envoltória de tensões em escoramentos provisórios proposta por Terzaghi e Peck, calcular as reações nas estroncas. Dispensa-se o cálculo de estabilidade geral.

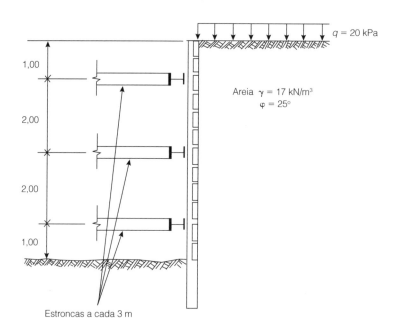

Solução

$p_1 = 0,65 \times 17 \times 6 \times 0,41 = 27,2$

$p_2 = 20 \times 0,41 \quad\quad = \dfrac{8,2}{35,4} \text{ kN/m}^2/\text{m}$

$E_1 = 35,4 \times 3 \quad\quad = 106,2 \text{ kN/m}$

$E_2 = 35,4 \times 3 \quad\quad = 106,2 \text{ kN/m}$

$R_A = 106,2 \left(\dfrac{1,5}{2}\right) \quad = 79,7 \text{ kN/m}$

$R_B^s = 106,2 \left(\dfrac{0,5}{2}\right) \quad = 26,6$

$R_B^i = 106,2 \left(\dfrac{0,5}{2}\right) \quad = 26,6$

$\quad\quad\quad\quad\quad\quad\quad\quad\quad\quad\;\; R_B = 53,2 \text{ kN/m}$

$R_C = 106,2 \left(\dfrac{1,5}{2}\right) \quad = 79,7 \text{ kN/m}^2$

Como as estroncas estão a cada 3 m:
$$R_A = 239\,\text{kN/m}$$
$$R_B = 160\,\text{kN/m}$$
$$R_C = 239\,\text{kN/m}$$

7.3 EXERCÍCIOS PROPOSTOS

1.º Exercício: Calcular a ficha necessária para a parede diafragma abaixo. Adotar $\delta = 0°$.

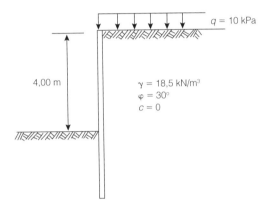

Resposta: $f \cong 5\,\text{m}$

2.º Exercício: Calcular a ficha e a reação por metro da cortina do cais representada abaixo. Adotar $\delta = 0°$.

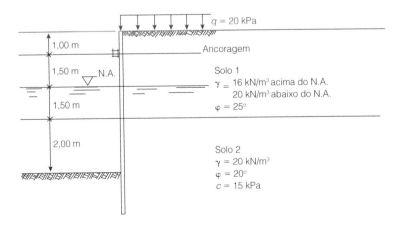

Resposta: $f \cong 2{,}50\,\text{m}$
$R \cong 80\,\text{kN/m}$

160 *Exercícios de fundações*

3.º Exercício: Em um solo arenoso, será executada uma escavação de 10 m de profundidade, sendo as paredes escoradas com perfis metálicos e pranchões de madeira. Admitindo-se que cada estronca suporta uma carga de 250 kN, projetar a distribuição de estroncas de modo a resistir os empuxos laterais da parede.

Características do solo: $\gamma = 20$ kN/m^3

$$\varphi = 30°$$

$$c = 0°$$

Resposta: Uma solução possível consiste em adotar quatro níveis de escoras espaçados entre si de 2 m, estando o primeiro nível a 1 m do topo da escavação. Com esse esquema, obtém-se uma reação máxima da ordem de 97 kN/m, o que equivale a adotar um espaçamento entre escoras de 2,60 m.

8 CÁLCULO APROXIMADO DE UMA INSTALAÇÃO DE REBAIXAMENTO

8.1 CONSIDERAÇÕES BÁSICAS

O projeto de um rebaixamento resume-se basicamente em:

a) Pré-dimensionamento das instalações feito com base na experiência do projetista.
b) Determinação, com base nas teorias de percolação de água nos solos, das condições futuras de fluxo, seja no tocante à vazão afluente, seja no que diz respeito à posição do lençol freático.
c) Verificação do projeto durante a operação.

Nota: Para maiores detalhes sobre este tema, recorrer à referência [8].

O cálculo de um rebaixamento tem como base a Lei de Darcy:

$$Q = k \times i \times A, \text{ sendo:}$$

Q = vazão;

k = coeficiente de permeabilidade;

i = gradiente hidráulico;

A = área da seção transversal ao escoamento.

Um problema relativamente complexo é a determinação do coeficiente de permeabilidade.

Para efeito de anteprojeto, podem-se usar os valores abaixo.

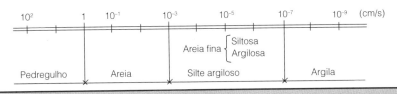

Figura 8.1

8.2 CASO DE UM ÚNICO POÇO

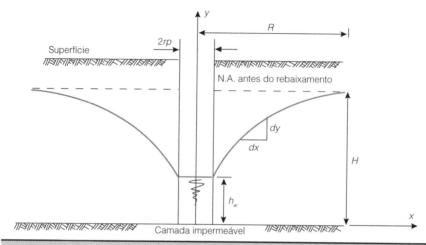

Figura 8.2

Lei de Darcy

$$Q = k \times i \times A$$

$$\frac{Q}{A} = V = k \times i$$

$V = k\dfrac{dy}{dx}$ em um ponto qualquer da curva de rebaixamento.

Assim, a descarga através de uma superfície cilíndrica de raio x e altura y será:

$$Q = V \times A = k\frac{dy}{dx}A = k\frac{dy}{dx}2\pi xy$$

ou seja:

$$ydy = \frac{Q}{2k\pi}\frac{dx}{x}$$

calculando a integral, vem:

$$\int_{hw}^{H} ydy = \frac{Q}{2k\pi}\int_{rp}^{R}\frac{dx}{x}$$

em que
  Rp = raio de poço;
  R = raio de influência.

$$\left.\frac{y^2}{2}\right|_{hw}^{H} = \frac{Q}{2k\pi} \times \left.\phantom{\frac{y^2}{2}}\right|_{hw}^{H} \left.\ell nx\right|_{rp}^{R}$$

$$\frac{H^2 - hw^2}{2} = \frac{Q}{2k\pi}(\ell n R - \ell n rp)$$

$$H^2 - hw^2 = \frac{Q}{k\pi} \ell n \frac{R}{rp}$$

portanto:
$$Q = \frac{k\pi(H^2 - h^2 w)}{\ell n \dfrac{R}{rp}}$$

Assim, o rebaixamento a uma distância x do eixo do poço será:

$$y^2 - h^2 w = \frac{Q}{k\pi} \ell n \frac{x}{rp}$$

Para a determinação de R, que é a distância a partir do eixo do poço, para a qual se pode admitir que o nível de água não é influenciado, pode-se usar a expressão de Sichardt

$$R = 3000(H - hw)\sqrt{k},$$

em que $k(m/s)$ e H e hw em metros.

No caso de o poço não atingir a camada impermeável, adota-se H como a distância entre a superfície do nível de água e o fundo do poço, conforme esquema a seguir.

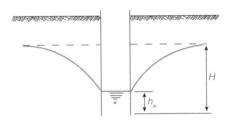

Figura 8.3

8.3 CÁLCULO APROXIMADO PARA UM GRUPO DE POÇOS

a) Inicialmente, deve-se calcular o raio médio (r_m) do círculo da área equivalente a aquela a ser rebaixada, A.

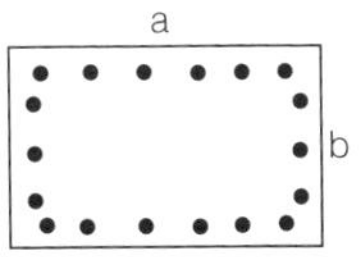

$$A = \pi r_m^2$$

$$r_m = \sqrt{\frac{A}{\pi}}$$

Figura 8.4

$A = a \times b = $ área a ser rebaixada.

b) A seguir, calcula-se o raio de influência R pela expressão de Sichart

$$R = 3000(H - hw)\sqrt{k}$$

c) A vazão total será então:

$$Q = \frac{k\pi(H^2 - h^2w)}{\ell \dfrac{R}{r_m}}$$

Observar que r_m é o raio do círculo de área equivalente a A e que está sendo associado a um único poço fictício de raio r_m.

d) A máxima vazão de cada ponteira pode ser obtida pela *regra de Sichardt*

$$q_{máx} = \frac{2 \times \pi \times r \times hw \times \sqrt{k}}{15},$$

em que r é o raio da ponteira e as unidades são m e s.

e) Para calcular o número de ponteiras ou do número de poços, é aconselhável majorar a vazão calculada no passo 'c' em 25%

$$n = \frac{1,25Q}{q_{máx}}$$

8.4 EXERCÍCIOS RESOLVIDOS

1.º Exercício: Calcular o número de ponteiras de 5,2 cm de raio necessário para rebaixar o lençol freático de uma área retangular de 20 × 15 m, sabendo que a permeabilidade do solo é dada por $k = 10^{-2}$ cm/s e os demais elementos estão na figura abaixo.

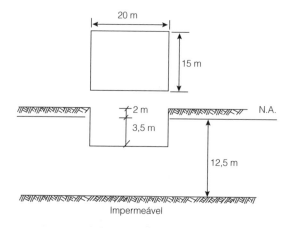

Nota: O cálculo deverá ser feito para manter seco o fundo da escavação. Considerar as ponteiras com altura filtrante $hw = 1,0$ m.

Cálculo aproximado de uma instalação de rebaixamento 165

Solução: Associando a área de 20 × 15 m a um círculo com raio médio:

$$r_m = \sqrt{\frac{20 \times 15}{\pi}} \cong 10\,\text{m}$$

Esse será o raio do poço fictício, que se admite penetrante até a camada impermeável e no qual haja uma lâmina de água de 13 m.

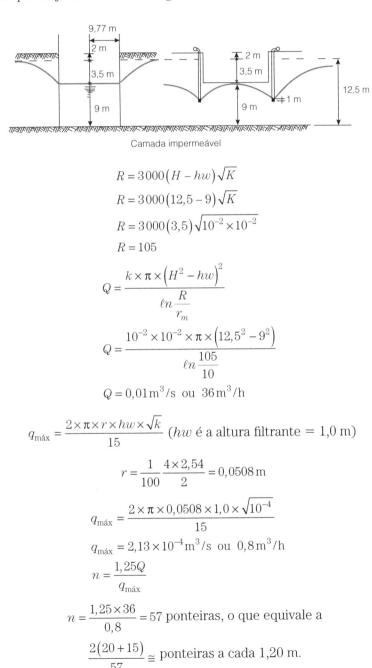

$$R = 3000(H - hw)\sqrt{K}$$
$$R = 3000(12,5 - 9)\sqrt{K}$$
$$R = 3000(3,5)\sqrt{10^{-2} \times 10^{-2}}$$
$$R = 105$$

$$Q = \frac{k \times \pi \times (H^2 - hw)^2}{\ell n \dfrac{R}{r_m}}$$

$$Q = \frac{10^{-2} \times 10^{-2} \times \pi \times (12,5^2 - 9^2)}{\ell n \dfrac{105}{10}}$$

$$Q = 0,01\,\text{m}^3/\text{s} \ \text{ou} \ 36\,\text{m}^3/\text{h}$$

$$q_{\text{máx}} = \frac{2 \times \pi \times r \times hw \times \sqrt{k}}{15} \quad (hw \text{ é a altura filtrante} = 1,0\,\text{m})$$

$$r = \frac{1}{100}\frac{4 \times 2,54}{2} = 0,0508\,\text{m}$$

$$q_{\text{máx}} = \frac{2 \times \pi \times 0,0508 \times 1,0 \times \sqrt{10^{-4}}}{15}$$

$$q_{\text{máx}} = 2,13 \times 10^{-4}\,\text{m}^3/\text{s} \ \text{ou} \ 0,8\,\text{m}^3/\text{h}$$

$$n = \frac{1,25Q}{q_{\text{máx}}}$$

$$n = \frac{1,25 \times 36}{0,8} = 57 \ \text{ponteiras, o que equivale a}$$

$$\frac{2(20+15)}{57} \cong \text{ponteiras a cada 1,20 m.}$$

2.º **Exercício**: No ensaio de bombeamento abaixo, foram verificados os dados anotados. Qual seria o valor da vazão para um rebaixamento adicional de 2 m, medido dentro do poço?

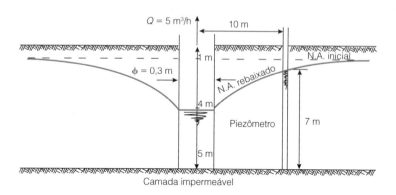

Solução

a) Dados

$Q = 5 \text{ m}^3/\text{h} = 1{,}39 \times 10^{-3} \text{ m}^3/\text{s}$

$x = 10 \text{ m}$

$r_p = 0{,}15 \text{ m}$

$hw = 5 \text{ m}$

$y = 7 \text{ m}$

b) Cálculo de k

$$y^2 - hw^2 = \frac{Q}{k\pi} \ell n \frac{x}{r_p} \therefore$$

$$k = \frac{Q}{\pi(y^2 - h_w^2)} \ell n \frac{x}{r_p} = \frac{1{,}39 \times 10^{-3}}{\pi(7^2 - 5^2)} \times \ell n \frac{10}{0{,}15} \therefore$$

$$\therefore k = 7{,}7 \times 10^{-5} \text{ m/s}$$

c) Cálculo de R

$$R = 3000(H - hw)\sqrt{k} = 3000(9-3)\sqrt{7{,}7 \times 10^{-5}} \therefore$$

$$\therefore R = 158 \text{ m}$$

d) Cálculo de Q para hw = 3 m

$$Q = \frac{k\pi(H^2 - h^2w)}{\ell n \frac{R}{r_p}} = \frac{7{,}7 \times 10^{-5} \times \pi(9^2 - 3^2)}{\ell n \frac{158}{0{,}15}} \therefore$$

$$\therefore Q = 2{,}5 \times 10^{-3} \text{ m}^3/\text{s} \text{ ou } 9 \text{ m}^3/\text{h}$$

8.5 EXERCÍCIO PROPOSTO

Afim de se executar uma escavação de 20 × 30 m por 5 m de profundidade, foram instaladas ponteiras filtrantes na periferia do terreno, conforme o desenho abaixo. Pergunta-se qual o valor da vazão total do sistema?

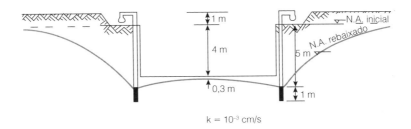

$k = 10^{-3}$ cm/s

Resposta: $Q \cong 1{,}125 \times 10^{-3}$ m³/s.

9 DIMENSIONAMENTO ESTRUTURAL DE SAPATAS

9.1 SAPATAS ISOLADAS

9.1.1 Método das bielas

9.1.1.1 Sapatas corridas

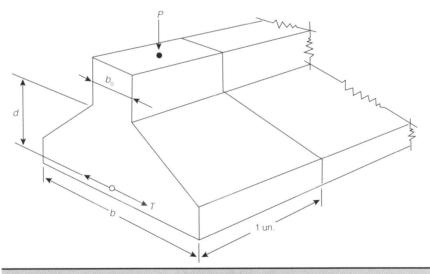

Figura 9.1

$$d \geq \begin{cases} \dfrac{b-b_0}{4} \\ 1{,}44\sqrt{\dfrac{P}{\sigma_a}} \end{cases} \text{ em que } \sigma_a = 0{,}85\dfrac{f_{ck}}{1{,}96}$$

$$T = \dfrac{P(b-b_0)}{8d}$$

$$A_s = \dfrac{1{,}61T}{fyk} \text{ em que } 1{,}61 = \gamma_f \gamma_s = 1{,}4 \times 1{,}15$$

9.1.1.2 Sapatas isoladas

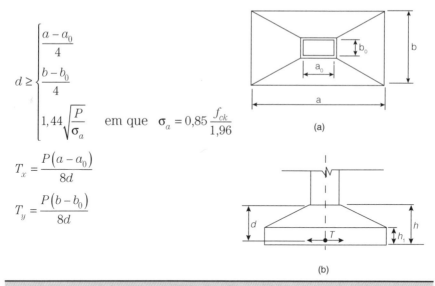

$$d \geq \begin{cases} \dfrac{a-a_0}{4} \\ \dfrac{b-b_0}{4} \\ 1{,}44\sqrt{\dfrac{P}{\sigma_a}} \end{cases} \quad \text{em que} \quad \sigma_a = 0{,}85\dfrac{f_{ck}}{1{,}96}$$

$$T_x = \dfrac{P(a-a_0)}{8d}$$

$$T_y = \dfrac{P(b-b_0)}{8d}$$

Figura 9.2

$$A_{sx} = \dfrac{1{,}61 T_x}{f_{yk}} \quad \text{(armadura paralela ao lado } a\text{)}$$

$$A_{sy} = \dfrac{1{,}61 T_y}{f_{yk}} \quad \text{(armadura paralela ao lado } b\text{)}$$

Exemplo de aplicação

Calcular a armação de uma sapata quadrada com 2,30 m de lado, que serve de apoio a um pilar, também quadrado, com lado 0,45 m e carga de 1 000 kN. Adotar aço CA 50A e f_{ck} = 15 MPa.

Solução

$$d \geq \begin{cases} \dfrac{2{,}30-0{,}45}{4} \cong 0{,}50\,\text{m} \\ 1{,}44\sqrt{\dfrac{1000\times 1{,}96}{0{,}85\times 15\,000}} \cong 0{,}60\,\text{m} \end{cases} \text{adotado } d = 60\,\text{cm}$$

admitindo 5 cm de recobrimento, a altura da sapata será h = 65 cm

$$T_x = T_y = \dfrac{1000(2{,}30-0{,}45)}{8\times 0{,}60} = 385\,\text{kN}$$

$$A_{sx} = A_{sy} = \dfrac{1{,}61\times 385}{50} = 12{,}5\,\text{cm}^2, \text{ ou seja, } 16\,\phi\,10\,\text{mm}$$

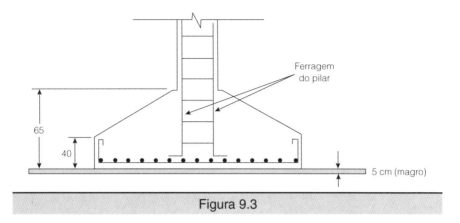

Figura 9.3

9.1.2 Critério da ACI 318-63

9.1.2.1 Sapatas corridas

Quando a sapata é flexível, ou seja, $\alpha \leq 45°$, é possível assimilar a estrutura como peça de balanços invertidos carregados pela pressão do terreno. Determinam-se o momento e a cortante máximos, por metro linear da sapata, pelas seguintes expressões:

$$M = \frac{1}{8}\sigma_s \left(b - b_0^2\right)$$

$$Q = \frac{b - b_0 - h}{2}\sigma_s$$

em que:

- M = Momento fletor, por metro de sapata;
- σ_s = Tensão aplicada ao solo;
- b = Largura da sapata;
- b_0 = Largura do pilar (corrido);
- h = altura da sapata.

O momento acima calculado é admitido na face da parede, se a mesma for de concreto, ou entre o eixo do muro e a face, quando o mesmo for de alvenaria. O cortante é obtido numa seção distante da face da parede = $0,5\,h$.

9.1.2.2 Sapatas isoladas

Os momentos fletores e os cortantes máximos são obtidos nas seções xx e yy das Figuras 9.4 e 9.5 pelas expressões:

$$M_x = a\left(b - b_0\right)^2 \sigma_s$$

$$M_y = b\left(a - a_0\right)^2 \sigma_s$$

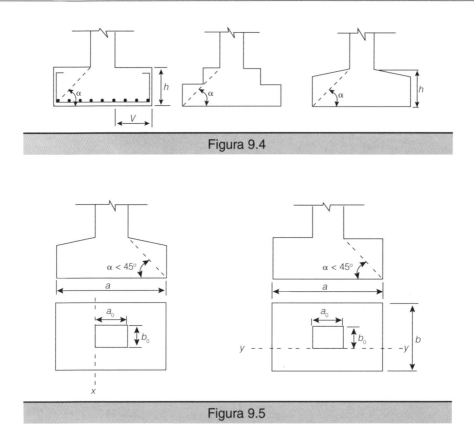

Figura 9.4

Figura 9.5

Para a verificação da punção, as seções consideradas estão a $h/2$ da face do pilar (Figura 9.6).

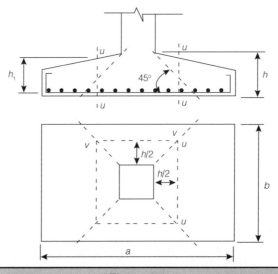

Figura 9.6

A tensão de corte (punção) é dada por:

$$\tau = \frac{Q}{b_1 h_1}$$

É importante observar que:

a) Os fletores para o dimensionamento da sapata são determinados nas seções críticas seguintes:
   - Na face do pilar ou parede de alvenaria.
   - A 1/4 da face do pilar ou parede de alvenaria.

b) Nas sapatas isoladas calcula-se o momento nas duas direções principais.

c) A armadura de distribuição, nas sapatas corridas, vale 1/8 da armadura principal.

d) A armadura para sapatas isoladas de forma retangular é disposta da seguinte maneira (Figura 9.7):
   - As barras paralelas à maior dimensão da sapata distribuem-se uniformemente ao longo da menor dimensão.
   - As barras paralelas à menor dimensão devem ser concentradas em uma faixa de valor igual à menor dimensão, e o restante com a armadura

$$A_{sfc} = \frac{2}{a/b+1} A_{sft}$$

   - Recomenda-se comprovar a aderência da armadura utilizada pela verificação do cisalhamento na seção da face do pilar, cujo valor é atendido pelo comprimento de ancoragem da armadura a partir da referida seção.

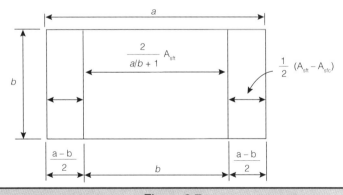

Figura 9.7

- As seções críticas onde devem ser verificadas as tensões de cisalhamento devido a flexão estão situadas a uma distância d das seções críticas adotadas para o cálculo do momento fletor (Figura 9.8).

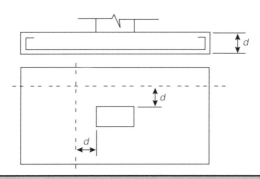

Figura 9.8

$$\tau = \frac{Q}{b'h'}$$

em que

$$Q = \sigma_s \cdot A_{ABCD}$$

O valor de τ deve ser menor que $0,15\sqrt{f_{c28}}$ (MPa) adotando-se $f_{c28} = \frac{4}{3} f_{ck}$.

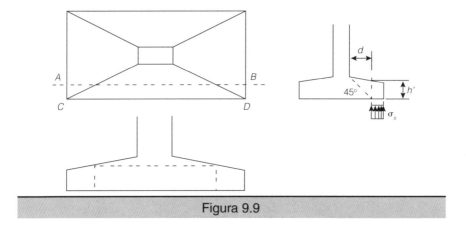

Figura 9.9

Para verificação das tensões de cisalhamento devido ao puncionamento, as seções a analisar situam-se a uma distância $d/2$ das seções críticas adotadas para o momento fletor (Figura 9.10),

$$\tau = \frac{Q}{b_1 h_1}$$

em que

$$Q = S_{ABCD}$$

$$b_1 = AB$$

$$\tau \leq 0,3\sqrt{f_{c28}} \text{ (MPa)}$$

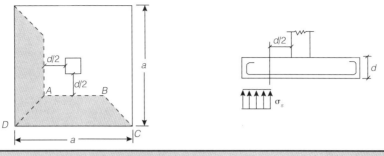

Figura 9.10

Exemplo de aplicação

Dados: P = 1 700 kN

Seção do pilar 45 × 45 cm

Aço CA 50

f_{ck} = 15 MPa

σ_s = 0,3 MPa

Calcular, usando o método da ACI 318-63, as dimensões e a armadura da sapata.

Solução

a) Cálculo das dimensões da sapata

$$a = \sqrt{\frac{1700}{300}} \cong 250 \,\text{cm}$$

$d = 55\,\text{cm}\,(\text{adotado})$

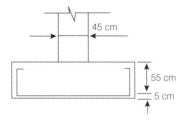

b) Verificação do cisalhamento devido à flexão

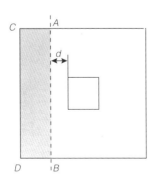

$\tau_{adm} = 0,15\sqrt{f_{c28}}\,(\text{MPa})$

$f_{c28} = \frac{4}{3}15 = 20\,\text{MPa}$

$\tau_{adm} = 0,15\sqrt{20} = 0,67\,\text{MPa}$

$Q = S_{ABCD} \times \sigma_s = 0,475 \times 2,5 \times 0,3 =$

$= 0,35\,\text{MN}$

$b = 2,50\,\text{m}$

$d = 0,55\,\text{m}$

$$\tau = \frac{0,35}{2,5 \times 0,55} = 0,25\,\text{MPa} \quad < \tau_{adm} = 0,67\,\text{MPa}$$

c) Verificação do cisalhamento devido ao puncionamento

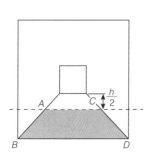

$\tau_{adm} = 0,3\sqrt{f_{c28}}$ (MPa)

$\tau_{adm} = 0,3\sqrt{20} = 1,34$ MPa

$Q = S_{ABCD} \times \sigma_s = 1,38 \times 0,3 = 0,414$ MN

ou 414 kN

$b' = AC = 0,85$ m

$d = 0,55$ m

$\tau = \dfrac{0,414}{0,85 \times 0,55} = 0,89$ MPa $< \tau_{adm} = 1,34$ MPa

d) Dimensionamento à flexão

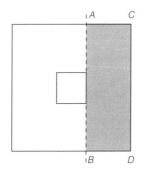

$M_{12} = S_{ABCD} \times \sigma_s \times \dfrac{AC}{2} =$

$= 1,025 \times 2,5 \times 0,3 \times \dfrac{1,025}{2} =$

$= 0,39$ MN·m ou 390 kNm

Com esse momento chega-se a uma armadura de 24,5 cm, ou seja, 20 ϕ 12,5 mm em cada direção.

9.2 SAPATAS ASSOCIADAS

Para este tipo de sapata, costuma-se trabalhar como se fosse uma sapata rígida, no plano perpendicular ao eixo da viga. Assim, o cálculo é análogo ao exposto no Item 9.1.1.1.

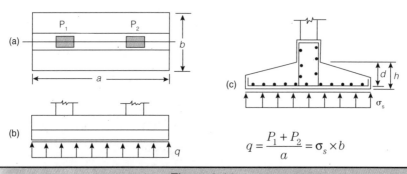

Figura 9.11

A viga calcula-se pelo procedimento normal de viga isostática sobre dois apoios.

Exemplo de aplicação

Dimensionar a ferragem de uma sapata associada, sendo dados:

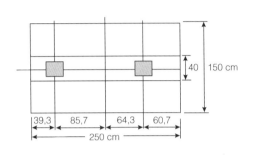

$P_1 = 300\,\text{kN}\,(30 \times 30\,\text{cm})$

$P_2 = 400\,\text{kN}\,(30 \times 30\,\text{cm})$

$\sigma_s = 0,2\,\text{MPa}$

$f_{ck} = 15\,\text{MPa}$

Aço CA 50

$q = \dfrac{P_1 + P_2}{a} = 280\,\text{kN/m}$

Solução
a) Cálculo estrutural da sapata

$$d \geq \begin{cases} \dfrac{1,50 - 0,40}{4} = 0,28\,\text{m} \\ 1,44\sqrt{\dfrac{280 \times 1,96}{0,85 \times 15\,000}} = 0,30\,\text{m} \end{cases} \text{adotado } d = 30\,\text{cm} \quad h = 35\,\text{cm}$$

$$T = \dfrac{280(150 - 40)}{8 \times 30} = 130\,\text{kN/m}$$

$$A_s = \dfrac{1,61 \times 130}{50} = 4,2\,\text{cm}^2/\text{m}, \text{ ou seja, } \phi\,10\,\text{mm a cada } 15\,\text{cm}$$

No sentido paralelo ao eixo da viga será adotada uma armadura de distribuição φ 6,3 mm cada 30 cm.

b) Cálculo estrutural da viga de rigidez

Este cálculo será feito com base nos diagramas de momento fletor e cortante, abaixo indicados, e nas Tabelas 9.1, 9.2 e 9.3.

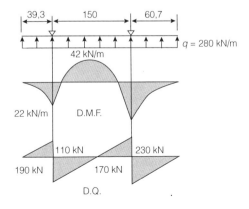

$$\tau_{wu} = 0,25 f_{cd} = 0,25 \times 15/1,4 = 2,7\,\text{MPa} \quad < 4,5\,\text{MPa}$$

$$\tau_{wd} = \frac{1,4 \times 230}{0,4d} = 2140\,\text{kPa} \quad \text{fazendo} \quad \tau_{wd} = \tau_{wu} \to d \geq 0,38\,\text{m}$$

Adotando $d = 45$ cm e, com base nas Tabelas 9.1 e 9.2, chega-se às seguintes armaduras:

$$M = 42\,\text{kNm} \to A_s = 4\,\phi\,12,5\,\text{mm}$$

$$M = 52\,\text{kNm} \to A_s = 4\,\phi\,12,5\,\text{mm}$$

$$\tau_{wd} = \frac{1,4 \times 230}{0,4 \times 0,45} = 1790\,\text{kPa} \quad \text{ou} \quad 1,79\,\text{MPa} \quad < 2,7 = \tau_{wu}$$

Admitindo-se que os 4 φ 12,5 mm cheguem ao apoio

$$\rho = \frac{4 \times 1,25}{40 \times 45} \cong 0,003 \therefore \psi_1 \cong 0,08$$

$$\tau_c = 0,08\sqrt{15} = 0,31\,\text{MPa}$$

$$\tau_d = 1,15 \times 1,79 - 0,31 \cong 1,75\,\text{MPa}$$

$$A_{sw/s} = \frac{100 \times 40 \times 1,75}{430} = 16,3\,\text{cm}^2/\text{m} \to \phi\,10\,\text{mm}\,(\text{duplo})$$

cada 15 cm

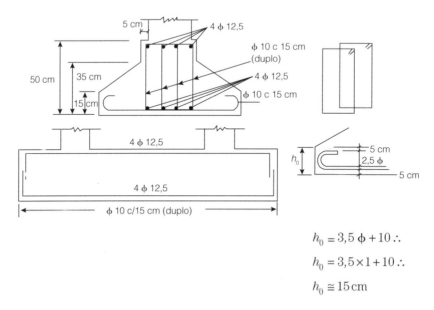

$$h_0 = 3,5\,\phi + 10 \therefore$$

$$h_0 = 3,5 \times 1 + 10 \therefore$$

$$h_0 \cong 15\,\text{cm}$$

9.3 VIGA DE EQUILÍBRIO OU VIGA-ALAVANCA

A sapata da divisa é dimensionada analogamente ao que foi feito para a sapata associada, ou seja, como se fosse uma sapata rígida no plano perpendicular ao eixo da viga-alavanca.

A viga-alavanca é normalmente feita com seção variável, usando-se estribos e ferros dobrados para absorver o cisalhamento.

Os diagramas de momentos fletores e cortantes podem ser obtidos usando-se as resultantes P_1 e R_1 (cálculo simplificado) ou os valores de q e q' (cálculo preciso).

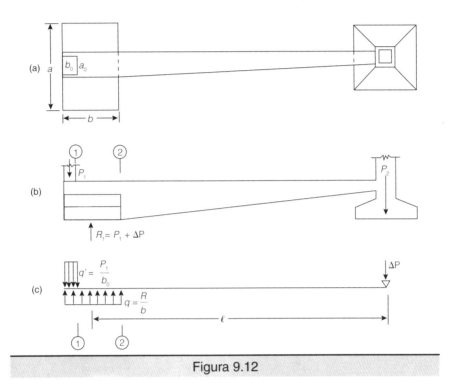

Figura 9.12

Seção 1:
$$M_1 = -q'\frac{b_0^2}{2} + q\frac{b_0^2}{2} = -\frac{(q'-q)}{2}b_0^2$$
$$V_1 = q'b_0 + qb_0 = -(q'-q)b_0$$

Seção 2:
$$M_2 = -\Delta P(\ell - b/2)$$
$$V_2 = +\Delta P$$

Seção de momento máximo
$$V = 0 \rightarrow qx_0 = P_1 \rightarrow x_0 = \frac{P_1}{q}$$
$$M_0 = \frac{qx_0^2}{2} - P_1\left(x_0 - \frac{b_0}{2}\right)$$

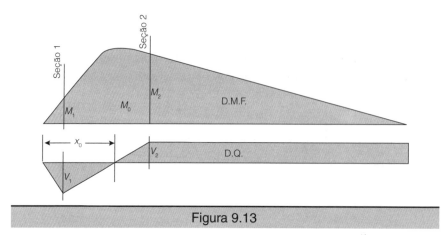

Figura 9.13

Exemplo de aplicação

Seja dimensionar a ferragem da viga de equilíbrio indicada abaixo, em que $P_1 = 1\,000$ kN (20 cm × 50 cm). Adotar aço CA 50 e concreto com $f_{ck} = 18$ MPa.

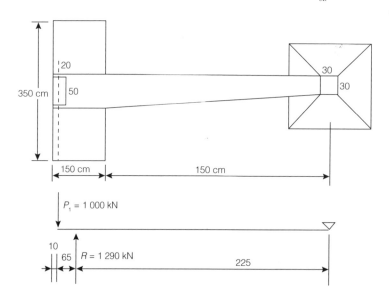

Solução

a) Cálculo dos momentos e dos cortantes

$$q' = \frac{1000}{0,2} = 5\,000 \text{ kN/m}$$

$$q = \frac{1290}{1,5} = 860 \text{ kN/m}$$

Seção 1:

$$M_1 = -\frac{(5\,000 - 860)}{2}0,2^2 = -82,8\,\text{kNm}$$

$$V_1 = -(5\,000 - 860)0,2 = -828\,\text{kN}$$

Seção 2:

$$M_2 = -290(2,25 - 0,75) = -435\,\text{kNm}$$

$$V_2 = +290\,\text{kN}$$

Seção de momento máximo

$$x_0 = \frac{1000}{860} = 1,16\,\text{m}$$

$$M_0 = \frac{860 \times 1,16^2}{2} - 1000(1,16 - 0,10) = -481,4\,\text{kNm}$$

Dimensionamento da viga

$$\tau_{wu} = 0,25 f_{cd} = 0,25\frac{18}{1,4} = 3,21\,MPa \qquad < 4,5\,MPa$$

$$\tau_{wd} = \frac{1,4 \times 828}{0,55d}$$

fazendo $\tau_{wd} = \tau_{wu} \rightarrow d \geq 0,66\,\text{m}\ \ adotado\ d = 95\,\text{cm}$

$$h = 100\,\text{cm}$$

Com essas dimensões e o momento fletor máximo de 481,4 kNm, calcula-se a armadura de flexão utilizando as Tabelas 9.1 e 9.2, chegando-se a:

$$A_s = 9\,\phi\,16\,\text{mm}$$

Armadura de cisalhamento

$$\rho = \frac{9 \times 2,0}{55 \times 95} \cong 0,003 \rightarrow \psi_1 \cong 0,09$$

$$\tau_c = 0,09\sqrt{18} = 0,382\,\text{MPa}$$

$$\tau_{wd} = \frac{1,4 \times 828}{0,55 \times 0,95} = 2\,218\,\text{kN/m}^2\ \text{ou}\ 2,218\,\text{MPa}$$

$$\tau_d = 1,15 \times 2,218 - 0,382 = 2,17\,\text{MPa}$$

O trecho da viga-alavanca na região do pilar da divisa é uma peça estrutural que pode ser analisada como *consolo curto*, e, portanto, é conveniente levar toda a armadura de flexão atá a ponta da viga. Por essa razão, todo o cisalhamento será absorvido por estribos

$$A_{sw/s} = \frac{100 \times 55 \times 2{,}17}{430} = 27{,}5\,\text{cm}^2/\text{m},$$

ou seja, ϕ 10 mm cada 10 cm (quatro ramos).

Para garantir a eficiência da ancoragem da armadura de tração devem ser dispostos laços calculados da seguinte maneira:

Força de tração na armadura (força a ancorar)

$$R_s = \frac{M}{0{,}85d} = \frac{435}{0{,}85 \times 0{,}95} = 538{,}7\,\text{kN}$$

Os 9 ϕ 16 mm ancoram em 17 cm a força:

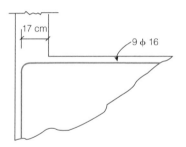

$$\ell_{b,\,disp} = \left(\frac{17}{1{,}6} + 10\right)\phi = 20{,}63\,\phi$$

em serviço

$$\sigma_{s,\,máx} = \frac{50}{1{,}61} \times \frac{20{,}63\,\phi}{48\,\phi} = 13{,}4\,\text{kN/cm}^2\;\therefore$$

força ancorada F = 13,4 × 18 = 241,2 kN

falta ancorar 538,7 − 241,2 = 297,5 kN

$$A_s = \frac{297{,}5 \times 1{,}61}{50} = 9{,}6\,\text{cm}^2 \cong 8\,\phi\,12{,}5\,\text{mm}$$

Além disso, é conveniente dispor uma armadura de costura com área total

$$A_{s,\,cost} = 0{,}4 A_s = 0{,}4 \times 18 = 7{,}2\,\text{cm}^2 \cong 6\,\phi\,12^5\,\text{mm}$$

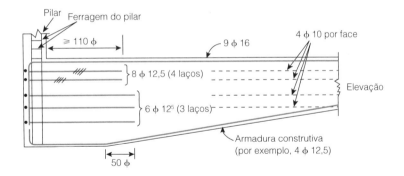

Na outra extremidade da viga

$$b_w = 30\,\text{cm}$$
$$V = 290\,\text{kN}$$
$$\tau_{wd} = \frac{1,4 \times 290}{0,3d}$$

Igualando τ_{wd} a $\tau_{wu} = 3,21$ MPa, obtém-se $d = 0,43$ m
Adotando $d = 65$ cm; $h = 70$ cm

$$\tau_{wd} = \frac{1,4 \times 290}{0,3 \times 0,65} = 2082\,\text{kN/m}^2 \text{ ou } 2,08\,\text{MPa}$$

Admitindo que pelo menos 4 ϕ 16 mm (de flexão) cheguem até o apoio

$$\rho_2 = \frac{4 \times 2,0}{30 \times 65} \cong 0,004 \to \psi_1 = 0,095$$

$$\tau_c = 0,095\sqrt{18} = 0,4\,\text{MPa}$$

$$\tau_d = 1,15 \times 2,08 - 0,4 = 2,0\,\text{MPa}$$

$$A_{sw/s} = \frac{100 \times 30 \times 2,0}{430} = 14\,\text{cm}^2/\text{m} \to \phi\,10\,\text{mm}$$

cada 10 cm (dois ramos)

Armadura de pele $= 0,05\%\ b_w d = \dfrac{0,05 \times 55 \times 95}{100} = 2,62\,\text{cm}^2$,

ou seja, 4 ϕ 10 mm em cada face.

O detalhamento está indicado a seguir:

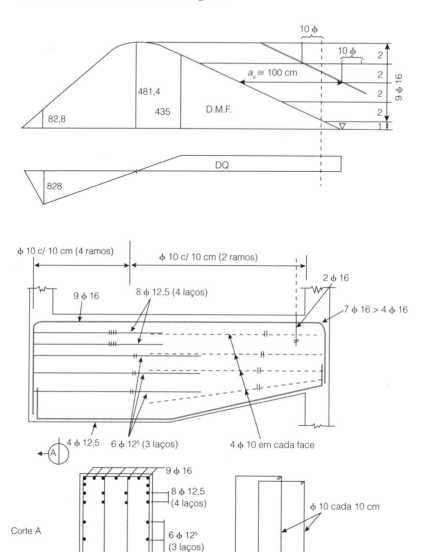

Dimensionamento estrutural de sapatas

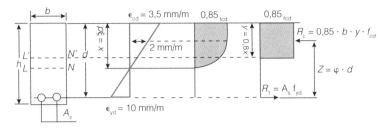

Cálculo de

$$A_s \quad \boxed{\mu = \frac{Md}{bd^2 fcd}} \to \boxed{\varphi} \to \boxed{A_s = \frac{Md}{\varphi \cdot d \cdot fyd}}$$

Tabela 9.1 Cálculo de armadura simples em peças retangulares sujeitas à flexão simples

ζ	φ	μ	Limites	ζ	φ	μ	Limites
0,06	0,976	0,040		0,56	0,776	0,296	
0,18	0,928	0,114		0,58	0,768	0,303	CA-60A
0,20	0,920	0,125	A · min $\varepsilon_s = 0,01$	0,585	0,766	0,305	
0,20	0,920	0,125		0,60	0,760	0,310	
0,22	0,912	0,136		0,62	0,752	0,317	CA-50A
0,24	0,904	0,148		0,628	0,749	0,320	
0,26	0,896	0,158		0,64	0,744	0,324	
0,28	0,888	0,169		0,66	0,736	0,330	CA-40A
0,30	0,880	0,180		0,679	0,728	0,337	
0,32	0,872	0,190		0,68	0,728	0,337	
0,34	0,864	0,200		0,70	0,720	0,343	CA-32
0,36	0,856	0,210		0,72	0,712	0,349	
0,38	0,848	0,219		0,725	0,710	0,350	
0,40	0,840	0,228	CA-60B	0,74	0,704	0,354	
0,42	0,832	0,238		0,76	0,696	0,360	CA-24
0,438	0,825	0,246		0,779	0,688	0,365	
0,44	0,824	0,247		0,78	0,688	0,365	
0,46	0,816	0,255	CA-50B	0,80	0,680	0,370	
0,462	0,815	0,256		0,82	0,672	0,375	
0,48	0,808	0,264	CA-40B	0,84	0,664	0,379	
0,489	0,804	0,264		0,86	0,656	0,384	
0,50	0,800	0,272		0,88	0,648	0,388	
0,52	0,792	0,280		0,90	0,640	0,392	
0,54	0,784	0,288		0,92	0,632	0,395	

Tabela 9.2 Área da seção de armadura A_s (cm²)

Bitola φ			Nominal para cálculo		Número de fios ou de barras									
Fios (mm)	Barras (mm)	Diâmetro (pol)	Peso linear (kgf/m)	μ perímetro (cm)	1	2	3	4	5	6	7	8	9	10
3,2	–	–	0,06	1,00	0,08	0,16	0,24	0,32	0,40	0,48	0,56	0,64	0,72	0,80
4	–	–	0,10	1,25	0,125	0,25	0,375	0,50	0,625	0,75	0,875	1,00	1,125	1,25
5	5	≈ 3/16	0,16	1,60	0,20	0,40	0,60	0,80	1,00	1,20	1,40	1,60	1,80	2,00
6,3	6,3	≈ 1/4	0,25	2,00	0,315	0,63	0,945	1,26	1,575	1,89	2,205	2,52	2,835	3,15
8	8	≈ 5/16	0,40	2,50	0,50	1,00	1,50	2,00	2,50	3,00	3,50	4,00	4,50	5,00
10	10	≈ 3/8	0,63	3,15	0,80	1,60	2,40	3,20	4,00	4,80	5,60	6,40	7,20	8,00
–	12,5	≈ 1/2	1,00	4,00	1,25	2,50	3,75	5,00	6,25	7,50	8,75	10,00	11,25	12,50
–	16	≈ 5/8	1,60	5,00	2,00	4,00	6,00	8,00	10,00	12,00	14,00	16,00	18,00	20,00
–	20	≈ 3/4	2,50	6,30	3,15	6,30	9,45	12,60	15,75	18,90	22,05	25,20	28,35	31,50
–	25	≈ 1	4,00	8,00	5,00	10,00	15,00	20,00	25,00	30,00	35,00	40,00	45,00	50,00
–	32	≈ 1¼	6,30	10,00	8,00	16,00	24,00	32,00	40,00	48,00	56,00	64,00	72,00	80,00

Dimensionamento estrutural de sapatas

Tabela 9.3 Valores de $A_{sw/s}$ em cm²/m para estribos de dois ramos

Roteiro de cálculo (unidades cm; MPa)

$$\tau_{wd} = \frac{V_d}{b_w \cdot d} \leq \begin{cases} 0,25\ fcd \\ 4,5\ \text{MPa} \end{cases}$$

$$\tau_d = 1,15\ \tau_{wd} - \tau_c$$

$$\tau_c = \psi_1 \sqrt{fck},\ \text{em que}\ \psi_1$$

é dado ao lado

$$\frac{A_{sw}}{s} = \frac{100}{fyd} \times b_w \times \tau_d\ \text{em cm²/m}$$

Espaçamento	Diâmetro				
(cm)	5	6,3	8	10	12,5
5	7,12	12,68	–	–	–
6	5,94	10,60	16,50	23,80	42,20
7	5,08	9,05	14,10	20,40	36,20
8	4,44	7,92	12,40	17,80	31,70
9	3,96	7,04	11,00	15,80	28,20
10	3,56	6,33	9,90	14,30	25,30
11	3,24	5,76	9,00	13,00	23,00
12	2,96	5,28	8,25	11,90	21,10
13	2,74	4,87	7,61	11,00	19,50
14	2,54	4,52	7,07	10,20	18,10
15	2,38	4,22	6,60	9,50	16,90
16	2,22	3,96	6,19	8,91	15,80
17	2,10	3,73	5,82	8,38	14,90
18	1,98	3,52	5,50	7,92	14,10
19	1,88	3,33	5,21	7,50	13,30
20	1,78	3,17	4,95	7,13	12,70
25	1,42	2,53	3,96	5,70	10,10
30	1,18	2,11	3,30	4,75	8,45
35	1,00	1,81	2,83	4,07	7,24

10 DIMENSIONAMENTO ESTRUTURAL DE BLOCOS SOBRE ESTACAS

10.1 RECOMENDAÇÕES DE ORDEM PRÁTICA

a) Na Figura 10.1, indica-se a dimensão mínima contada do centro da estaca à face externa do bloco.

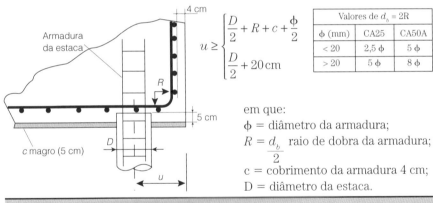

em que:
ϕ = diâmetro da armadura;
$R = \dfrac{d_b}{2}$ raio de dobra da armadura;
c = cobrimento da armadura 4 cm;
D = diâmetro da estaca.

Figura 10.1

b) É recomendável a utilização de armadura de pele, principalmente quando a armadura principal tem diâmetro elevado. Essa armadura tem como finalidade reduzir a abertura das fissuras, e seu valor pode ser estimado igual a 1/8 da seção total da armadura principal, em cada face do bloco.

c) A respeito da armadura superior, quando o cálculo indica não haver necessidade da mesma, o assunto é bastante controvertido. Certos autores sugerem a colocação de uma armadura usando-se uma seção mínima que atenda às disposições construtivas, e outros dispensam a colocação desta armadura por entender que a mesma dificulta a confecção do bloco, trazendo mais desvantagens que vantagens para o mesmo. Neste trabalho será seguida a linha dos últimos autores, ou seja, dispensando-se a armadura superior quando o cálculo não o exigir.

10.2 BLOCO SOBRE UMA ESTACA

A altura do bloco deve ser da ordem de grandeza de 1,2 vez o diâmetro da estaca e, no mínimo, igual ao comprimento de ancoragem dos ferros de espera do pilar. A armadura não precisa ser calculada, uma vez que a transmissão de carga e direta para a estaca. A armadura consiste em estribos horizontais e verticais (Figura 10.2). De um modo geral, é recomendável que blocos sobre uma estaca sejam ligados por cintas aos blocos vizinhos em, pelo menos, duas direções aproximadamente ortogonais. Essas cintas devem ser dimensionadas para absorver a excentricidade máxima permitida pela NBR 6122, ou seja, 10% do diâmetro da estaca.

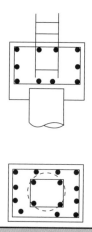

Figura 10.2

10.3 BLOCO SOBRE DUAS ESTACAS

O esquema das forças que entram no cálculo está indicado na Figura 10.3.

$$d \geq \frac{e}{2}$$

$$T_x \cdot d = \frac{P}{2}\left(\frac{e}{2} - \frac{b}{4}\right) \therefore$$

$$T_x = \frac{P(2e-b)}{8d}$$

$$A_s = \frac{\gamma_f \cdot T}{fyd} = \frac{1{,}61T}{fyk}$$

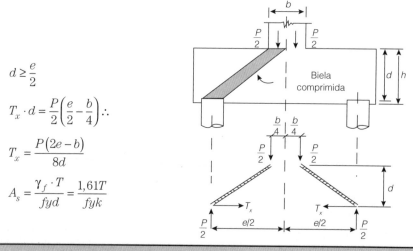

Figura 10.3

Inicialmente, parte-se de um valor $d \geq e/2$, verificando-se, a seguir, se não ocorre esmagamento da biela comprimida. Para tanto, o valor deverá estar situado na área hachurada da Figura 10.4, ou seja:

$$\frac{\gamma V}{b_w d} \leq \begin{cases} 2f_{tk} & \text{(blocos com relação } a/d \leq 1) \\ f_{tk} & \text{(blocos com relação } 1 < a/d \leq 1{,}5) \\ 0{,}4\,f_{tk} & \text{(blocos com relação } a/d > 2) \end{cases}$$

em que

f_{tk} = A tensão de tração característica do concreto

$$f_{tk} = \begin{cases} 0{,}1 f_{ck} \text{ para } f_{ck} \leq 18\,\text{MPa} \\ 0{,}06 f_{ck} + 0{,}7 \text{ para } f_{ck} > 18\,\text{MPa} \end{cases}$$

a = Distância do centro da estaca ao centro da biela. No caso de bloco sobre duas estacas $a = e/2$;

b_w = Largura do bloco na seção considerada;

d = Altura útil do bloco;

$\gamma = \gamma_f\,\gamma_c \cong 1{,}96$.

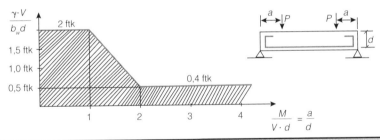

Figura 10.4

O esquema de armadura está apresentado na Figura 10.5.

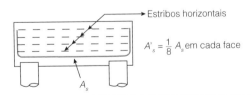

Figura 10.5

Exemplo de aplicação

Calcular a armadura de um bloco sobre duas estacas de 40 cm de diâmetro que serve de apoio a um pilar de seção quadrada com 50 cm de lado e carga de 700 kN. Adotar aço CA 50, f_{ck} = 15 MPa e espaçamento entre estacas $e = 1{,}40$ m.

Solução

Verificação da biela

$$d \geq e/2 = 70 \text{ cm}$$

$$\frac{a}{d} = \frac{70}{70} = 1$$

$$\frac{\gamma V}{b_w d} = \frac{1,96 \times 350}{0,6 \times 0,7} = 1630 \text{ kPa} \quad \text{ou} \quad 1,63 \text{ MPa} \quad < 2f_{tk} = 3 \text{ MPa}$$

$$T_x = \frac{P(2e-b)}{8d} = \frac{700(2 \times 1,4 - 0,5)}{8 \times 0,7} = 287,5 \text{ kN}$$

$$A_s = \frac{1,61 T_x}{f_{yk}} = \frac{1,61 \times 287,5}{50} = 9,3 \text{ cm}^2 \rightarrow 5\phi 16 \text{ mm}$$

estribos horizontais $A_{s'} = \frac{1}{8} A_s (\text{por face}) = 1,2 \text{ cm}^2 \rightarrow 4\phi 6,3 \text{ mm} (\text{por face})$

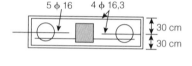

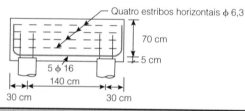

Figura 10.6

10.4 BLOCO SOBRE TRÊS ESTACAS

O esquema de forças que entram no cálculo está indicado na Figura 10.7.

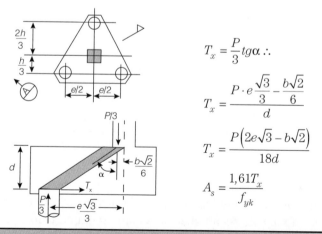

$$T_x = \frac{P}{3} tg\alpha \therefore$$

$$T_x = \frac{P \cdot e \frac{\sqrt{3}}{3} - \frac{b\sqrt{2}}{6}}{d}$$

$$T_x = \frac{P(2e\sqrt{3} - b\sqrt{2})}{18d}$$

$$A_s = \frac{1,61 T_x}{f_{yk}}$$

Figura 10.7

Também neste caso parte-se de uma relação $d \geq e/2$, verificando-se, a seguir, se não ocorre esmagamento da biela comprimida, analogamente ao que foi exposto para o bloco sobre duas estacas.

A armadura pode ser disposta na direção T (Figura 10.8a) ou na direção que une as estacas (Figura 10.8b). Neste último caso, a força para cálculo da armadura será $T' = \dfrac{T\sqrt{3}}{3}$. Atualmente, é mais utilizada a armadura mostrada na Figura 10.8b.

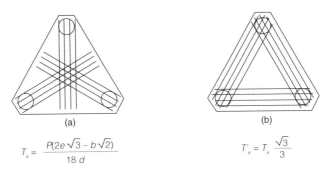

Nota: A armadura a está praticamente em desuso.

Figura 10.8

Exemplo de aplicação

Calcular a armadura de um bloco sobre três estacas de 50 cm de diâmetro que serve de apoio a um pilar de seção quadrada com 40 cm de lado e carga de 3 000 kN. Adotar aço CA 50, f_{ck} = 18 MPa e espaçamento entre estacas e = 150 cm.

Solução

$d \geq e/2 = 75$ cm adotado $d = 100$ cm

Verificação da biela

$$\frac{a}{d} = \frac{100}{100} = 1$$

$$\frac{\gamma V}{b_w d} = \frac{1,96 \times 1000}{0,6 \times 1} = 3\,270\,\text{kPa}$$

ou $3,27\,\text{MPa} < 2f_{tk} = 3,6\,\text{MPa}$

$$T_x = \frac{P\left(2e\sqrt{3} - b\sqrt{2}\right)}{18d} = \frac{3\,000\left(2 \times 1,5\sqrt{3} - 0,4\sqrt{2}\right)}{18 \times 1} = 772\,\text{kN}$$

Adotando disposição conforme Figura 10.8a.

$$A_s = \frac{1,61T}{f_{yk}} = \frac{1,61 \times 772}{50} = 24,9\,\text{cm}^2 \rightarrow 5\,\phi\,25\,\text{mm}$$

estribos horizontais $A'_s = \frac{1}{8} 24,9 \cong 3\,\text{cm}^2$ em cada face

Adotando disposição conforme a Figura 10.8b

$$T'_x = T_x \frac{\sqrt{3}}{3} = 772 \frac{\sqrt{3}}{3} = 445,7\,\text{kN}$$

$$A_s = \frac{1,61 \times 445,7}{50} = 14,3\,\text{cm}^2 \rightarrow 3\,\phi\,25\,\text{mm}$$

estribos horizontais $A'_s = \frac{1}{8} 14,3 \cong 2\,\text{cm}^2$ em cada face.

10.5 BLOCO SOBRE QUATRO ESTACAS

O bloco sobre quatro estacas pode ser armado segundo a periferia, segundo as diagonais e em malhas. No passado, adotava-se esta última disposição (Figura 10.9a), mas, atualmente, a NBR 6118 exige que 85% ou mais da seção de ferro se situe sobre as estacas (Figura 10.9b). No espaço entre essas armaduras dispõe-se outra armadura de distribuição extra-cálculo. Inicialmente, parte-se de uma relação $d \geq \frac{e\sqrt{2}}{2}$.

Pelo fato de a disposição da armadura ser em malhas, o esquema de forças será igual ao do bloco sobre duas estacas e, portanto, a força T será dada por $T = \frac{P(2e-b)}{8d}$ sendo a armadura calculada por $A_s = \frac{1,61 T_x}{fyk}$.

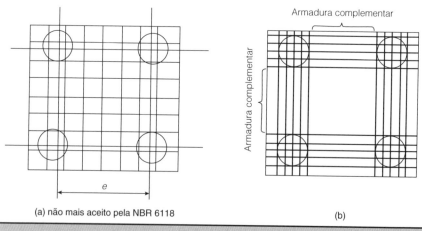

(a) não mais aceito pela NBR 6118   (b)

Figura 10.9

Exemplo de aplicação

Carga do pilar P = 2 200 kN
Pilar quadrado b = 50 cm
Diâmetro da estaca = 40 cm
Espaçamento e = 1,20 m
Aço CA 50
Concreto f_{ck} = 15 MPa

Solução

$$d \geq \frac{1,2\sqrt{2}}{2} = 0,8\,\text{m}$$

Verificação da biela

$$\frac{\gamma V}{b_w d} = \frac{1,96 \times 1100}{2 \times 0,8} = 1350\,\text{kPa} \quad \text{ou}$$

$$1,35\,\text{MN/m}^2 < 2f_{tk} = 3\,\text{MPa}$$

$$T_x = \frac{2200(2 \times 1,2 - 0,5)}{8 \times 0,8} = 635\,\text{kN}$$

$$A_s = \frac{1,61 \times 653}{50} = 21\,\text{cm}^3 \rightarrow 11\,\phi\,16\,\text{mm} \quad \text{(adotar 6}\,\phi\,16\,\text{mm sobre as estacas)}$$

Estribos horizontais $A_s' = \frac{1}{8} 21 = 2,6\,\text{cm}^2 \rightarrow 4\,\phi\,10\,\text{mm}$

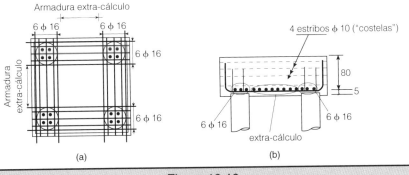

Figura 10.10

10.6 BLOCO SOBRE UM NÚMERO QUALQUER DE ESTACAS

O cálculo é feito de forma aproximada, considerando duas linhas de ruptura ortogonais (Figura 10.11) e calculando os momentos em relação a essas linhas (seção de referência).

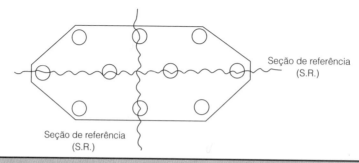

Figura 10.11

A seção de referência, no caso de pilares de pequena inércia, pode ser tomada no eixo do pilar ($c_1 = b/2$) ou a critério do calculista. Para pilares de grande inércia, a seção de referência pode ser tomada a uma distância $c_1 = 0,15b$ (Figura 10.12).

Três casos podem ser analisados:

1.º Caso: Bloco flexível, no qual a relação $a/d > 1$ (Figura 10.12)

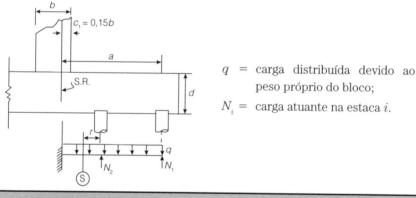

q = carga distribuída devido ao peso próprio do bloco;

N_i = carga atuante na estaca i.

Figura 10.12

O esquema de carga da Figura 10.12 permite calcular o momento fletor e o esforço cortante numa seção genérica S.

$$M = \Sigma N_i r_i - q\frac{\ell^2}{2}$$

$$Q = \Sigma N_i - q\ell$$

O dimensionamento é feito como se fosse uma viga flexível, traçando-se os diagramas de M e Q e armado o bloco para esses esforços analogamente ao que foi feito nos itens 9.2 e 9.3.

2.º Caso: Bloco rígido com relação $0{,}5 \leq a/d \leq 1$ (Figura 10.13)

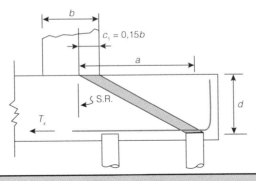

Figura 10.13

Neste caso, o bloco é calculado pelo método das bielas, analogamente ao que foi feito nos itens 10.3 a 10.5.

Calcula-se inicialmente a força T dada por:

$$T_x = \frac{\Sigma N_i a_i}{0{,}85d}$$

e, a seguir, a armadura por:

$$A_s = \frac{1{,}61 T_x}{fyk}$$

Há necessidade de verificar se não há esmagamento da biela de compressão, bastando para tanto que:

$$\frac{\gamma V}{b_w d} \leq 2 f_{tk}$$

Também neste caso, deve ser disposta uma armadura horizontal com seção

$$A_s = \frac{1}{8} A_s$$

3.º Caso: Bloco rígido com relação $a/d < 0,5$ (Figura 10.14)

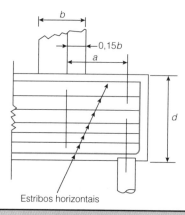

Figura 10.14

Neste caso, há necessidade de se garantir que não ocorra ruptura do bloco por compressão diametral, analogamente ao que ocorre quando se ensaia um corpo de prova de concreto à tração (NBR 7222 da ABNT).

Para tanto, a armadura principal será constituída de estribos horizontais cuja seção é obtida por:

$$A_{sh} = \frac{1,61Z}{f_{yk}} \text{(em cada face)},$$

em que

$$Z = \frac{1}{2}\Sigma N_i$$

A armadura inferior será apenas secundária e terá apenas caráter construtivo. Seu valor pode ser estimado por:

$$A_s = \frac{1,61T_x}{f_{yk}},$$

em que

$$T_x = \frac{\Sigma N_i a_i}{0,85d}$$

Também neste caso convém verificar se não há possibilidade de esmagar a biela de compressão, sendo necessário para tanto que:

$$\frac{\gamma V}{b_w d} \leq 2 f_{tk}$$

Exemplos de aplicação

1.º **Exercício:** Dimensionar a armadura do bloco abaixo, adotando-se f_{ck} = 18 MPa e aço CA 50.

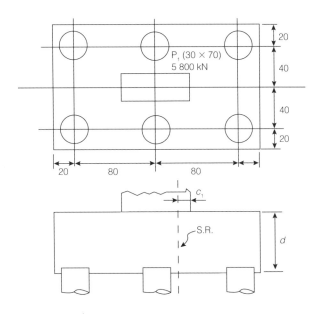

Solução

Carga por estaca – 5 800 ÷ 6 = 967 kN

Seção de referência – c_1 = 0,15 × 70 = 10,5 cm

Para o bloco ser considerado rígido $0,5 \leq a/d \leq 1$

$$0,5 \leq \frac{55,5}{d} \leq 1 \quad 55,5 \leq d \leq 111 \text{ cm},$$

adotando d = 80 cm

$$\frac{\gamma V}{b_w d} \leq 2f_{tk} \therefore \frac{1,96 \times 967}{1,2 \times 0,8} = 3950 \text{ kPa} \quad \text{ou } 3,95 \text{ MPa} \quad > 2f_{tk}$$

adotando d = 90 cm e repetindo os cálculos, obtém-se:

$$\frac{\gamma V}{b_w d} = 3,5 \text{ MPa} \quad < 2f_{tk} = 3,6 \text{ MPa}$$

$$T_x = \frac{\Sigma N_i a_i}{0,85d} = \frac{2 \times 967 \times 0,55}{0,85 \times 0,9} = 1403 \text{ kN}$$

$$A_s = \frac{1,61 \times 1403}{50} = 45 \text{ cm}^2 \rightarrow 16 \phi \, 20\,\text{mm (paralelo ao lado maior)}$$

Armadura paralela ao lado menor

$$c_1 = 0,15 \times 30 = 4,5 \, \text{cm}$$

$$T_x = \frac{3 \times 967 \times 0,295}{0,85 \times 0,9} = 1119 \, \text{kN}$$

$$A_s = \frac{1,61 \times 1119}{50} = 36 \, \text{cm}^2 \rightarrow 12 \, \phi \, 20 \, \text{mm}$$

Armadura horizontal $A'_s = \frac{1}{8} 45 = 6 \, \text{cm}^2 \rightarrow 5 \, \phi \, 12,5 \, \text{mm}$

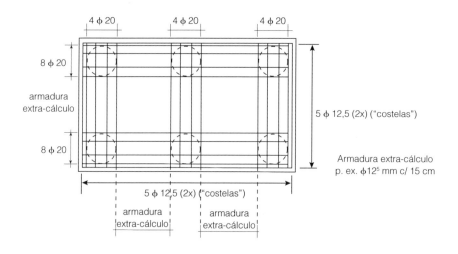

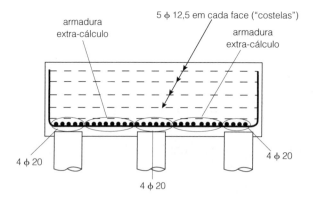

Dimensionamento estrutural de blocos sobre estacas

2.º Exercício: Dimensionar a armadura do bloco abaixo apoiado sobre quatro estacas metálicas I $12\,\text{pol} \times 5\frac{1}{4}\,\text{pol}$, sabendo-se que a carga ao longo do eixo do pilar é 260 kN/m.

Adotar $f_{ck} = 15$ MPa e aço CA 50.

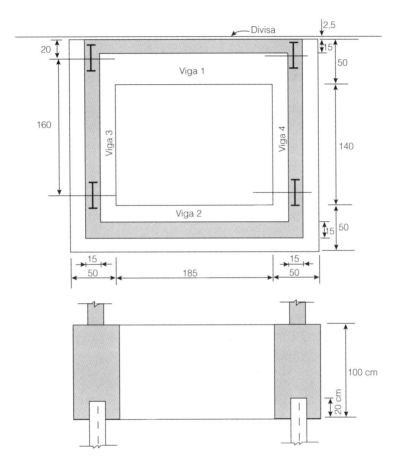

Croquis de cálculo

$$q = 260 + 0,5 \times 1 \times 24 = 272\,\text{kN/m}$$

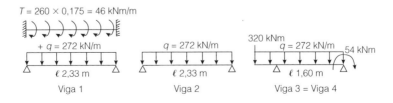

Dimensionamento
Viga 1

a) Esforços solicitantes máximos

$$M = \frac{272 \times 2{,}33^2}{8} = 185 \text{ kNm (flexão)}$$

$$T = 46\frac{2{,}33}{2} = 54 \text{ kNm (torção)}$$

$$Q = \frac{1}{2} 272 \times 2{,}33 = 318 \text{ kN (cortante)}$$

b) Dimensionamento à flexão

Com M = 185 kNm e Tabela 9.1, chega-se à armadura mínima, ou seja,

$$\frac{0{,}15}{100} \times 50 \times 100 = 7{,}5 \text{ cm}^2$$

c) Verificação das tensões de cisalhamento (Tabela 9.3)

c.1) Devido à Q: $\tau_{wd} = \dfrac{1{,}4 \times 318}{0{,}5 \times 0{,}95} = 937 \text{ kPa}$

ou $0{,}937 \text{ MN/m}^2 < \tau_{wu} = 0{,}25 f_{cd} = 2{,}68 \text{ MPa}$

c.2) Devido à T

b_s = 50 – 10 = 40 cm
h_s = 100 – 10 = 90 cm

$\dfrac{5b}{6} = 42$ cm. Como $b_s < \dfrac{5b}{6}$

a espessura fictícia será

$h_1 = \dfrac{b_s}{5} = 8$ cm.

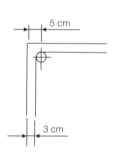

Seção vazada

h_e = 8 cm
A_e = 40 × 90 = 3 600 cm²

$$\tau_{td} = \frac{T_d}{2A_e h_e} = \frac{1{,}4 \times 54}{2 \times 0{,}36 \times 0{,}08} = 1313 \text{ kN/m}^2 \text{ ou}$$

$1{,}313 \text{ MN/m}^2 < 0{,}22 f_{cd} = 2{,}36 \text{ MN/m}^2$

Dimensionamento estrutural de blocos sobre estacas | 203

c.3) Verificação das tensões combinadas de cisalhamento e torção

$$\frac{\tau_{wd}}{\tau_{wu}} + \frac{\tau_{td}}{\tau_{tu}} \leq 1$$

$$\frac{0,937}{2,68} + \frac{1,313}{2,36} = 0,906$$

d) Armadura devido aos esforços tangenciais (Q e T)

d.1) Devido a Q (Tabela 9.3)

$$\rho = \frac{8}{95 \times 50} = 0,0017 \rightarrow \psi_1 \cong 0,08$$

$$\tau_c = 0,08\sqrt{15} = 0,31\,\mathrm{MN/m^2}$$

$$\tau_d = 1,15 \times 0,937 - 0,31 = 0,77\,\mathrm{MPa}$$

$$\frac{A_{sw}}{s} = \frac{100}{430}50 \times 0,77 = 8,95\,\mathrm{cm^2/m}$$

d.2) Devido a T (torção)

$$\frac{A_{so}}{s} = \frac{1,61T}{2A_e f_{yk}}100 \qquad \begin{array}{l} \text{com } T \text{ em kN} \cdot \text{cm} \\ f_{yk} \text{ em kN/cm}^2 \\ A_e \text{ em cm}^2 \end{array}$$

$$\frac{A_{so}}{s} = \frac{1,61 \times 5\,400}{2 \times 3\,600 \times 50} \times 100 = 2,42\,\mathrm{cm^2/m} \ (\text{por face})$$

e) Resumo das armaduras

e.1) Armadura inferior

$A_s = 7,5\,\mathrm{cm^2}$ (flexão)

$A_s = 2,42(0,4 + 2 \times 0,075) = 1,33\,\mathrm{cm^2}$

A_s (total) $= 8,83\,\mathrm{cm^2} \rightarrow 5\,\phi\,16\,\mathrm{mm}$

e.2) Armadura lateral

$A_s = 2,42\,\mathrm{cm^2/m}$ (por face)

$A_s = 0,0005 \times 50 \times 100 = 2,5\,\mathrm{cm^2}$ (pele)

Adotado o maior, têm-se

$A_s = 2,5\,\mathrm{cm^2} \rightarrow 5\,\phi\,8\,\mathrm{mm}$ (por face)

e.3) Armadura superior

$A_s = 2,42\,\mathrm{cm^2/m}$ (torção)

Adotado $4\,\phi\,10\,\mathrm{mm}$ para dar rigidez a armadura

e.4) Armadura transversal

$$A_s = \frac{A_{sw}}{s} + 2 \times \frac{A_{so}}{s} = 8,95 + 2 \times 2,42 = 13,8\,\mathrm{cm^2/m},$$

ou seja, estribo duplo φ 10 mm cada 20 cm. Entretanto, para dar maior rigidez à armadura, adotar-se-á estribo duplo φ 10 mm cada 15 cm.

Viga 2

$M = 185$ kNm $\to A_s = 5$ φ 16 mm

$Q = 320$ kN $\to A_s =$ φ 10 mm cada 15 cm (duplo)

Viga 3 = Viga 4

$$Q_a = 320 + 272 \times 0,4 = 428 \text{ kN}$$

$$\frac{a}{d} = \frac{0,4}{0,9} = 0,45 < 0,5$$

$$T_x = \frac{428 \times 0,4}{0,85 \times 0,9} = 224 \text{ kN}$$

$$Z = \frac{1}{2} 428 = 214 \text{ kN}$$

Armadura horizontal

$$A_s = \frac{1,61 \times 214}{50} = 7 \text{ cm}^2 \to \text{Seis estribos } \phi = 12,5 \text{ mm}$$

Armadura superior

$$A_s = \frac{1,61 \times 224}{50} = 7,2 \text{ cm}^2 \to 6 \text{ φ } 12,5 \text{ mm}$$

Armadura inferior

$M = 87$ kNm $\to 4$ φ 16 mm (dois de cada lado da estaca)

Estribos $\to$ adotado φ 10 mm cada 15 cm

Viga 1

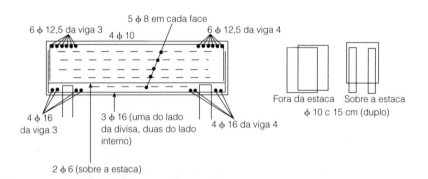

Viga 3 = Viga 4

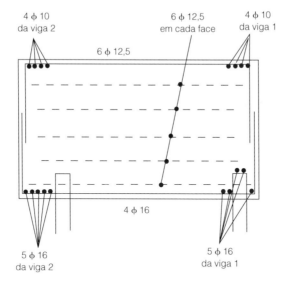

REFERÊNCIAS

[1] ABNT – ASSOCIAÇÃO BRASILEIRA DE NORMAS TÉCNICAS. *NBR 6118*: projeto de estruturas de concreto. Rio de Janeiro, 2003.

[2] _____. *NBR 6118*: projeto de estruturas de concreto: procedimento. Rio de Janeiro, 2004.

[3] _____. *NBR 6484*: solo: sondagens de simples reconhecimento com SPT. Rio de Janeiro, 2006.

[4] _____. *NBR 12131*: estacas: prova de carga estática. 2. ed. Rio de Janeiro, 2010a.

[5] _____. *NBR 6122*: projeto e execução de fundações. 2. ed. Rio de Janeiro, 2010.

[6] ACI 318-63. *Building code requirements for reinforced concrete*. Detroit: American Concrete Institute, 1963.

[7] ALONSO, U. R. Correlações entre resultados de ensaios de penetração estática e dinâmica para a cidade de São Paulo. *Solos e Rochas*, São Paulo, v. 3, n. 3, dez. 1980.

[8] _____. *Rebaixamento temporário de aquíferos*. São Paulo: Oficina de Textos, 2007.

[9] _____. *Previsão e controle das fundações*. São Paulo: Blucher, 2011.

[10] AOKI, N.; VELLOSO, D. A. An approximate method to estimate the bearing capacity of piles. In: Pan-American Conference of Soil Mechanics and Foundation Engineering, 5., 1975, Buenos Aires. *Anais...* Buenos Aires: International Society of Soil Mechanics and Geotechnical Engineering, 1975.

[11] BOWLES, J. E. *Foundation analysis and design*. Singapore: McGraw-Hill, 1968.

[12] CAPUTO, H. P. *Mecânica dos solos e suas aplicações*. 4. ed. Rio de Janeiro: LTC, 1980.

[13] CARNEIRO, F. L. L. Resistência ao esforço cortante no concreto armado e protendido, *Revista Estrutura*, n. 51, 1963.

[14] DÉCOURT, L.; QUARESMA, A. R. Capacidade de carga de estacas a partir dos valores do SPT. In: COBRAMSEF, 6., 1978, Rio de Janeiro. *Anais...* Rio de Janeiro: [s.n.], 1978.

[15] GERRIN, A. *Traité de béton armé*. 4. ed. Paris: Dunod, 1967. 3 v.

[16] LEONARDS, G. A. *Foundation engineering*. Singapore: McGraw-Hill, 1962.

[17] MONTOYA, P. J.; GARCIA, M. A.; MORAN, C. F. *Hormigón armado*. Barcelona: G. Gili, 1978. 2 v.

[18] PFEIL, W. *Concreto armado*. Rio de Janeiro: Ao Livro Técnico, 1969.

[19] ROCHA, A. M. *Novo curso prático de concreto armado*. Rio de Janeiro: Ed. Científica, 1976. 4 v.

[20] TAYLOR, H. P.; CLARK, K. L. Some detailing problems in concret frame structures. The Structural Engineer, London, v. 54, n. 1, jan. 1976.

[21] VARGAS, M. Fundações de edifícios. Notas de aula, EPUSP.

[22] VELLOSO, D. A. *Fundações em estacas*. São Paulo: Estacas Franki Ltda.

[23] VELLOSO, D. A.; LOPES, F. R. *Paredes moldadas no solo*. São Paulo: Estacas Franki Ltda.

[24] VELLOSO, D. A.; LOPES, F. R. *Fundações*: volume 1 e 2. Rio de Janeiro: COPPE/ UFRJ, 1996.

[25] VELLOSO, P. P. C. Rebaixamento do lençol d'água. Notas de Aula. Rio de Janeiro: PUC, 1977.

[26] *Fundações*: teoria e prática. São Paulo: Editora Pini, 2016.